Max Dessoir

Das Doppel-Ich

Max Dessoir

Das Doppel-Ich

ISBN/EAN: 9783743646452

Hergestellt in Europa, USA, Kanada, Australien, Japan

Cover: Foto ©Thomas Meinert / pixelio.de

Weitere Bücher finden Sie auf **www.hansebooks.com**

Schriften der Gesellschaft für Experimental-Psychologie zu Berlin.

I. Stück.

DAS
DOPPEL-ICH.

VON

MAX DESSOIR.

LEIPZIG
ERNST GÜNTHERS VERLAG.
1890.

Schriften der Gesellschaft für Experimental-Psychologie.

Die „Gesellschaft für Experimental-Psychologie" zu Berlin ist am 31. Januar 1888 gegründet worden. Ihr Arbeitsfeld umfasst, allgemein gesprochen, diejenigen Erscheinungen des menschlichen Seelenlebens, die aus dessen gewöhnlichem Verlauf heraustreten, nur unter besonderen, entweder experimentell gegebenen oder spontanen Bedingungen sich zeigen und gewissermassen als ein Grenzgebiet zwischen dem Normalen und Pathologischen bezeichnet werden können. Des Näheren besagt hierüber das „Programm":

„Unsere Untersuchungen gelten in erster Linie dem als Grundlage zu betrachtenden Gebiet des Hypnotismus. Ohne schon jetzt eine exakte und erschöpfende Definition desselben geben zu wollen, verstehen wir unter Hypnotismus die ungewöhnlichen, künstlich (d. h. experimentell) erzeugbaren Vorgänge des Seelenlebens, welche nicht durch Funktionen des wachen Bewusstseins bedingt sind und bei teilweiser oder völliger Aufhebung der Kontrole des bewussten Willens auftreten. Wir fassen den Hypnotismus in weitestem Umfange, als Kollektivbegriff.

„Als besonderes Stadium der Hypnose betrachten wir den Somnambulismus, der künstlich erzeugt werden und spontan auftreten kann. Er ist samt seinen Folge- und Begleiterscheinungen für uns von besonderer Wichtigkeit. Denn hauptsächlich studieren wollen wir diejenigen Erscheinungen, welche für die psychologische Forschung Ausbeute gewähren.

„Nächst dem Hypnotismus ist Gegenstand unserer Untersuchungen die Telepathie, unter welcher wir allgemein verstehen: die Einwirkung eines Menschen auf einen anderen, welche anders als durch die allgemein bekannten und anerkannten Sinnesfunktionen oder Perceptionsweisen vermittelt wird. Als besondere Fälle erscheinen hier die *„Suggestion mentale"* (sog. „übersinnliche" Gedankenübertragung) und die fernwirkende Erzeugung von Halluzinationen *(„Phantasms of the Living"* der Londoner *S. P. R.)* Die Telepathie ist ein Gebiet psychischer Erscheinungen, dessen Thatsächlichkeit von einer Reihe hervorragender Forscher auf Grund ihrer Experimente als erwiesen betrachtet, von anderer Seite aber bezweifelt, wenn nicht völlig geleugnet wird, welches also gerade deshalb eingehende Prüfung verdient und, sollte der endgültige Nachweis gelingen, grösste Bedeutung für die Wissenschaft beanspruchen dürfte.

„Ausser diesen beiden Hauptgebieten unserer Untersuchungen haben wir **vorkommenden Falles** auch die mancherlei anderen ungewöhnlichen oder mystischen Erscheinungen des Seelenlebens zu berücksichtigen, welche vermutlich mit erstgenannten irgendwie zusammenhängen, zur Zeit aber noch als ganz dunkel und problematisch erscheinen. Hierher gehört auch der **Spiritismus** (in anderer Auffassung des Gebietes auch als **Mediumismus** bezeichnet). Ohne uns auf die Theorien und Glaubenssätze der spiritistischen Adepten **irgendwie** einzulassen, würden wir die von ihnen behaupteten Erscheinungen an sich, wenn sich im weiteren Verlauf unserer Arbeiten geeignete Gelegenheit dazu bieten sollte, in vorurteilsfreier, nichts prüfungslos zurückweisender Gesinnung einer exakt-wissenschaftlichen Prüfung unterziehen. Die bedenklichen Seiten dieses Gebietes und die besonderen Schwierigkeiten, die es einer objektiven, exakten

Prüfung jedenfalls bereitet, verkennen wir keineswegs, finden aber darin keinen Grund, eine solche Untersuchung überhaupt von vornherein abzuweisen und auf eine Aufklärung dieses Gebietes zu verzichten. Einer der Wege, welche sich bei der Untersuchung der behaupteten spiritistischen Erscheinungen darbieten, besteht im Aufsuchen eines Zusammenhanges derselben mit dem Hypnotismus und der Telepathie, wie solcher bereits für gewisse Arten des sog. mediumistischen Schreibens nachgewiesen worden ist (vgl. No. 1 der „Schriften"). —

„Unsere Methode soll in erster Linie experimentell sein. In diesem Sinne haben wir den von uns gepflegten Zweig der Wissenschaft als Experimental-Psychologie bezeichnet. Was die Experimente selbst betrifft, so sollen sie nicht beliebig herausgegriffen, sondern planmässig, unter leitenden Gesichtspunkten, vom Einfachen ausgehend und methodisch fortschreitend angestellt und aus der Zusammenfassung der Fülle des Einzelnen empirische Gesamtresultate gewonnen werden. Wenn wir das Hauptgewicht auf das Experiment legen, so sollen damit doch die übrigen Wege der Forschung keineswegs ausgeschlossen sein, sondern gerade durch die systematische Anwendung und Verbindung der verschiedenen Methoden soll ein positives Resultat erzielt werden.

„Die sog. mystischen Erscheinungen treten auch spontan auf: diese spontanen Fälle verdienen ebenfalls unsere Aufmerksamkeit, und wir haben die uns bekannt werdenden hinsichtlich ihrer Thatsächlichkeit, der Glaubwürdigkeit der Zeugen oder Berichterstatter, der obwaltenden Umstände und Bedingungen etc. zu prüfen, kritisch zu untersuchen und das Konstatierte aufzuzeichnen. Zu einer Statistik solcher Erscheinungen bietet sich vielleicht Gelegenheit. Gerade für unser Gebiet lässt sich die statistische Methode auch auf die Psychologie ausdehnen. Dass viele der sog. mystischen Erscheinungen bei den Naturvölkern weit häufiger vorkommen als bei uns, ist jedem Kundigen bekannt. Diese ethnologische Seite unseres Forschungsgebietes verdient eingehenderes Studium (vgl. No. 2 der „Schriften"). Gleicherweise muss das historische Material berücksichtigt, es sollen die Berichte über mystische Erscheinungen in vergangenen Zeiten, sowie die bisherigen wissenschaftlichen Arbeiten über dieselben studiert werden. Und endlich gehört zu unseren Aufgaben auch die philosophische Bearbeitung, die spekulative Verwertung des empirisch gewonnenen Materials. Allerdings kann es sich hier nur um die Überzeugungen einzelner handeln, nicht um die Ansichten der Gesellschaft als solcher. Vor allem darf nicht übersehen werden, dass alle unsere Untersuchungen und Arbeiten von der kritischen Konstatierung der Thatsachen und deren methodischer Bearbeitung ausgehen sollen, nicht von philosophischen Ansichten, von Theorieen und Hypothesen. Deshalb kann sich auch jeder, welche Anschauungen naturwissenschaftlicher oder philosophischer Art er sonst haben möge, an unseren Arbeiten beteiligen, sofern er nur die Bedeutung dieses Gebietes wissenschaftlicher Forschung überhaupt anerkennt.

Zu welchen Zielen der Erkenntnis diese Forschungen führen werden, lässt sich noch nicht absehen, aber das eine erscheint gewiss: die auf unserem Arbeitsfelde gewonnenen Resultate werden in jedem Falle einen wichtigen Beitrag liefern zur Erkenntnis des Wesens der menschlichen Seele." — —

Die Ergebnisse der Arbeiten der Gesellschaft für Experimental-Psychologie werden in einer Reihe von „Schriften" nieder gelegt. Dieselben erscheinen in zwanglosen Heften, die durch alle Buchhandlungen des In- und Auslandes, sowie unmittelbar von der Verlagsbuchhandlung einzeln bezogen und am Schluss des Jahres in einen Band von ca. 20 bis 30 Bogen vereinigt werden können.

Es erschienen davon bis jetzt:
1. Stück: Dessoir, Dr. phil. Max, Das Doppel-Ich. M. 1.—

In Vorbereitung befinden sich:
2. u. 3. Stück: Bastian, Dr. med. et phil. Ad., Psychische Beobachtungen bei Naturvölkern; und
Hellwald, Fr. von, Die Magiker Indiens.
4. Stück: Bentivegni, Dr. jur. Ad. von, Die Hypnose und ihre civilrechtliche Bedeutung.
5. „ Leixner, Dr. phil. Otto von, Experimentelle Untersuchungen über die Seelenthätigkeit im Traume.

Ferner Beiträge von Prof. Dr. August Forel, E. v. Hartmann, Prof. Dr. Cesare Lombroso, Dr. Albert Moll, Dr. Carl Frhr. du Prel, Dr. Friedrich Frhr. von Ravensburg, Prof. Dr. Charles Richet, Dr. Georg Voss u. a.

Programm, Statuten, Jahresbericht und Mitgliederverzeichnis der
„Gesellschaft für Experimental-Psychologie"
werden auf gefl. Antrag unentgeltlich verabfolgt durch den Schriftführer der Gesellschaft für Experimental-Psychologie Herrn
Dr. Max Dessoir, Berlin W., Köthenerstr. 27 und

Ernst Günthers Verlag in Leipzig.

Psychologische Schriften
aus Ernst Günthers Verlag in Leipzig.

Jaeger, Prof. Dr. G., Entdeckung der Seele. Dritte verm. Auflage mit dem Bildn. des Verfassers und zahlreichen Tafeln. 2 Bände. 1884. M. 16.—

du Prel, Dr. Carl, Monistische Seelenlehre. Ein Beitrag zur Lösung des Menschenrätsels. 1888. M. 6.—

— Die Philosophie der Mystik. 1885. M. 10.—

— Die Mystik der alten Griechen. Tempelschlaf. — Orakel. — Mysterien. — Dämon des Sokrates. 1888. M. 3.—

— Psychologie der Lyrik. Beiträge zur Analyse der dichterischen Phantasie. 1880. M. 2.—

Kant, Imm., Vorlesungen über Psychologie. Mit einer Einleitung: Kants mystische Weltanschauung von Dr. Carl du Prel. 1889. M. 3.—

Allen, Grant, Der Farbensinn. Sein Ursprung und seine Entwickelung. Ein Beitrag zur vergleichenden Psychologie 1880. M. 2.—

Herzen, Alex., Grundlinien einer allgemeinen Psychophysiologie. 1889. M. 2.—

Philipp, S., Ursprung und Lebenserscheinungen der tierischen Organismen. Lösung des Problems über das ursprüngliche Entstehen organischen Lebens. 1883. M. 2.—

Reichenau, W. von, Die Nester und Eier der Vögel. Ein Beitrag zur Ornithopsychologie und Ornithophysiologie. 1880. M. 2.—

Romanes, G. J., Die geistige Entwickelung im Tierreich. Nebst einer nachgelassenen Arbeit: „Über den Instinkt" von Ch. Darwin. 1885. M. 5.—

Sallis, Dr. J., Der tierische Magnetismus (Hypnotismus) und seine Genese. 1887. M. 2.—

Schultze, Prof. Dr., Grundgedanken des Spiritismus und die Kritik derselben. 1883. M. 2.—

Schultze, Prof. Dr. Fritz, Philosophie der Naturwissenschaft. Eine philosophische Einleitung in das Studium der Natur und ihrer Wissenschaften. 2 Bände. 1884. M. 15.—

DAS
DOPPEL-ICH.

VON

MAX DESSOIR.

LEIPZIG
ERNST GÜNTHERS VERLAG.
1890.

Die Verantwortung für die in den Schriften der Gesellschaft für Experimental-Psychologie zu Berlin ausgesprochenen Ansichten übernimmt der jedesmalige Verfasser.

Nachstehender Vortag unseres ordentlichen Mitgliedes Max Dessoir wurde in der Sitzung vom 12. März 1889 gehalten.

Der Satz von der erstaunenswerten Unbegreiflichkeit hypnotischer Erscheinungen hat letzthin viel von seinem Ansehen eingebüfst. Psychologische Untersuchungen haben uns gelehrt, in welcher engen Verbindung die Vorgänge während der Hypnose mit seelischen Prozessen im normalen Zustand stehen, und daraus ist ein neues Verständnis für die eigentliche Natur des Somnambulismus erwachsen. Hier haben die Anhänger der Nancy-Schule Grofses geleistet.

Aber dieselben Ergebnisse lassen sich auch in entgegengesetzter Richtung verwerten. Was über das Wesen des Hypnotismus und seinen Zusammenhang mit dem ganzen Seelenleben festgestellt ist, wirft wiederum ein helles Licht auf gewisse Probleme der Psychologie, die sich bisher der experimentellen Erforschung entzogen. Und so wäre die Aufgabe gegeben, beispielsweise das Problem der menschlichen Persönlichkeit von dem festen Boden der neuen Thatsachen aus noch einmal in Angriff zu nehmen, die früheren Erfahrungen unter diesem Gesichtspunkt zu durchmustern und das gesamte Material in einer neuen Synthese zusammenzufassen. Der Anfang dafür liegt vor in einigen Arbeiten ausländischer Gelehrter. Aber freilich sind wir noch so weit von einer endgültigen Lösung entfernt, dafs es gewagt erscheinen würde, schon jetzt einen Überblick über den in alle Fächer der Psychologie verstreuten Stoff zu versuchen, wenn nicht jedes Bedenken vor dem einen Wunsch verschwände, dafs die deutschen Forscher sich an der Fortführung dieser Untersuchungen eifriger beteiligen möchten. Deshalb wendet sich die vorliegende Zusammenstellung ausschliefslich an Fachgenossen, vor allem an die Mitglieder der Gesellschaft für Experimental-Psychologie.

Um vorweg den Kernpunkt zu bezeichnen: es scheint, als ob die menschliche Persönlichkeit nur in unserem Bewufstsein eine Einheit bilde, in Wirklichkeit jedoch sich aus mindestens zwei deutlich trennbaren Sphären zusammensetze, die jede für sich durch eine Erinnerungskette zusammengehalten werden. Ich versuche nun, diesen zuerst von Professor JANET formulierten Satz in aufsteigender Betrachtung zu erweisen. Das erste Glied der dabei zu verfolgenden Entwickelung wird durch Erfahrungen des täglichen Lebens gebildet; das zweite durch klinische Beobachtungen an Nerven- und Geisteskranken; das dritte durch die Experimente französischer und englischer Hypnotisten, denen sich die Arbeiten unseres Komitees anschliessen. Aus dem so gewonnenen Material wird alsdann einerseits die oben angedeutete Auffassung von der Natur unseres Ichs gefolgert, anderseits eine neue Definition der Hypnose. Die Beziehungen dieser Einsichten zu den verschiedenen Wissenschaften geben den Schluss ab.

Da ich nicht überzeugen, vielmehr blofs anregen will, kann ich mich kurz fassen. Ich bin jedoch der sehr bestimmten Ansicht, dafs, sollten selbst alle Aufstellungen der genannten Forscher einst als trügerisch erkannt werden, ihre Irrtümer der Wissenschaft mehr Förderung gewähren als das anderwärts beliebte System der streitseligen Nichtsthuerei.

I.

Von dem Bewufstsein läfst sich zunächst nur sagen, dafs es die Bedingung aller inneren Erfahrung sei. Von unbewufsten Vorgängen weifs daher die Selbstbeobachtung ausschliefslich durch einen Rückschlufs aus den Formen, welche die Vorstellungen bei ihrem Eintritt in das Bewufstsein annehmen. Dafs jedoch seelische Prozesse aufserhalb des Bewufstseinsfeldes existieren, zeigen u. A. die automatischen Handlungen. Ich verstehe unter automatischen Handlungen solche, die alle Merkmale psychischer Bedingtheit tragen mit Ausnahme des einen, dafs sie von der ausführenden Person im Augenblick der Ausführung nicht gewufst werden. Es sind daher alle diejenigen ausgeschlossen, bei denen das Individuum eine Empfindung ihres Vorsichgehens besitzt, aber sie unmittelbar nachher vergifst: in diesen Fällen haben wir es mit einem Mangel an Erinnerung, nicht mit einem Mangel an Bewufstsein zu thun. Am deutlichsten wird das Verhältnis, sobald ein einziger Akt ausfällt. Eine Person spricht mit einer anderen über irgend einen Gegenstand und reibt dabei die erkalteten Hände, ohne es zu bemerken. Eine solche Bewegung möchte ich automatisch nennen; bei der Unsicherheit unserer heutigen psychologischen Terminologie kommt es ja nicht grofs auf die historische Berechtigung der Bezeichnung an.

Die automatische Bewegung gehört also zu denjenigen, „bei denen neben den physischen Bedingungen zugleich bestimmte Bewufstseinszustände als psychische Ursachen der äufseren Bewegung von uns wahrgenommen werden oder bei der objektiven Beobachtung nach den begleitenden Umständen vorauszusetzen sind."[1]) In die letzte Klasse hat man bisher nur die Triebbewegungen aufgenommen. Aber von diesen unterscheidet sich die geschilderte Handlung dadurch, dafs sie nicht die Grundfunktionen des Gefühls und Willens allein, sondern dazu noch einen Anteil der Intelligenz voraussetzt.

---

[1]) WUNDT, Grundzüge der physiologischen Psychologie, Bd. II, S. 487. 3. Aufl., Leipzig, 1887.

Sie trägt somit — ich wiederhole — alle Merkmale psychischer Bedingtheit mit Ausnahme des einen, dafs sie von der ausführenden Person im Augenblick der Ausführung nicht gewufst wird. Zur Erläuterung mögen die folgenden Beispiele dienen.

Ein Freund besucht mich und erzählt mir eine Neuigkeit, die mich nötigt, ihn sofort auf einem Gange zu begleiten. Während er den hochinteressanten Fall berichtet, rüste ich mich zum Ausgehen. Ich binde mir einen neuen Kragen um, wende die Manschetten, befestige die Knöpfe, ziehe den Rock an, stecke den Hausschlüssel ein, blicke auch wohl in den Spiegel — aber dies alles, indem meine Aufmerksamkeit ausschliefslich mit der Erzählung beschäftigt ist und dies in wiederholten Fragen kundgiebt. Unten auf der Strafse fällt es mir plötzlich schwer aufs Gewissen, dafs ich wohl den Schlüssel vergessen habe, ich eile wieder hinauf, suche vergebens an allen Ecken und Enden, fasse schliefslich in die Tasche und finde dort richtig das Gesuchte. Als ich es nachher dem Freunde mitteile, erwidert er: „Das hättest du mir blofs eher sagen sollen, ich habe ja deutlich gesehen, wie du das Schlüsselbund aus dem Kasten nahmst, den Hausschlüssel herauszogst und zu dir stecktest. Wie kann man so zerstreut sein!" — Noch auffälliger wird die dem Verstand entsprungene Regelung automatischer Bewegungen bei Akten, die wir maschinenmäfsig beginnen, obwohl ihr Ergebnis dem entspricht, was wir später als unsere Absicht angeben. Ein Beamter z. B. steht des Morgens auf, zieht sich an und legt einen längeren Weg zurück, ohne dafs die Vorstellung des Endortes nur ein einziges Mal in seinem Geist auftaucht; sobald ihn jedoch ein Bekannter auf der Strafse trifft und fragt, warum er so früh auf den Beinen sei, wird er ohne Besinnen antworten: er müsse nach dem Büreau. — Einer der erfahrungsmäfsig häufigsten Fälle ist der, dafs die Gedanken einer Person beim lauten Vorlesen abschweifen und sich mit ganz anderen Dingen beschäftigen; trotzdem liest der Betreffende richtig, mit sinngemäfser Betonung weiter, blättert um, kurz, vollführt Handlungen, die ohne intelligente Leitung nicht gut denkbar sind. Oder, noch komplizierter: der Korrektor, der bei der Durchsicht des Satzes sich mit seinem Nachbar unterhält.

Die von älteren Psychologen vertretene Anschauung, dafs dergleichen Thätigkeiten ohne jede Art von Bewufstsein verliefen, ist nicht aufrecht zu erhalten. Die neuere Physiologie hat überzeugend nachgewiesen, dafs einzig die vegetativen Bewegungen des Atmens, des Herzens, der Gefäfserregung einerseits, die durch peripherischen Sinnesreiz ausgelösten reflektorischen Bewegungen anderseits auf schlechthin physischen Bedingungen ruhen. Hierzu gehören die automatischen Handlungen aber nicht. Der Korrektor muſs ein Bewuſstsein von Richtig und Falsch haben, wenn er die Fehler inmitten lebendiger Konversation verbessert. Der Vorleser vollzieht fortwährend eine sehr verwickelte psychische Thätigkeit, so sehr auch scheinbar seine Seele sich mit anderen Dingen beschäftigt.

Faſst man nun zunächst ganz einfach »Bewuſstsein« als die Begleiterscheinung eines bestimmten Nervenzustandes auf, so liegt kein Widerspruch in der Annahme, dass diese Verbindung von Nervenelementen gewisse Handlungen bedinge, ohne eine Kenntnis derselben beim wachen Menschen hervorzurufen. Das eine mag ohne das andere möglich sein. Aber dann würden wir scharf unterscheiden müssen zwischen jener Partie des Bewuſstseins, die der Kenntnis des Individuums unterbreitet, und jener, die ihr unter normalen Verhältnissen entzogen ist. Wir trügen gleichsam eine verborgene Bewuſstseinssphäre in uns, die, mit Verstand, Empfindung und Willen begabt, eine Reihe von Handlungen zu bestimmen fähig ist. Das gleichzeitige Zusammensein beider Sphären nenne ich Doppelbewuſstsein. Es fragt sich nun, inwieweit das untere Bewuſstsein dem oberen gleichsteht, welche zusammenhängenden Prozesse sich unterhalb des Niveaus unserer Kenntnis abspielen, und es sei gestattet, dies für die wichtige Funktion des Denkens an einigen Fällen zu untersuchen.

Es ist eine wenig erbauliche, aber unleugbare Thatsache, daſs man manchmal die bekanntesten Daten nicht zu finden vermag. Ein Name oder eine Zahl schwebt einem auf den Lippen und die Zunge quält sich vergeblich ab, das betreffende Wort auszusprechen; das wirkt zumal in einer Prüfung sehr unangenehm, weil die bösen Examinatoren selten das richtige Verständnis für psychologisch interessante Vorgänge in der Seele des Kandidaten besitzen. Dagegen hilft nur ein Mittel: man beschäftigt seine Gedanken mit einem ganz anderen Gegenstand und läſst »es« inzwischen, wie der Volksmund sagt, »ruhig arbeiten.« Über kurz oder lang springt dann plötzlich der gesuchte Begriff ins Bewuſstsein und drängt sich gelegentlich mit solcher Heftigkeit hervor, daſs er unbekümmert um die augenblickliche Rede heraussprudelt. JEAN PAUL schildert einmal sehr launig, wie auf diese Weise das Wort »Pappendeckel« in einer feierlichen Unterhaltung groſses Unheil anrichtet. In solchen Fällen scheint gleichsam eine fortgesetzte unterirdische Minierarbeit des Besinnens stattzufinden. — Diese Dualität des Denkens läſst sich unschwer vervollkommnen. Man beginnt beispielsweise damit, beim Gehen die Schritte zu zählen und daneben die Vorgänge auf der Straſse immer im Auge zu behalten, — schon nach ein- bis zweiwöchentlicher Übung wird man ein Gespräch führen und dabei doch in jedem Augenblick sagen können, der wievielte Schritt soeben zurückgelegt ist. Die Kontrole übt ein Dritter aus, der nicht an der Konversation teilnimmt. Ein Mitglied der *Society for Psychical Research*, Mr. BARKWORTH, hat es zu einer solchen Fertigkeit gebracht, dafs er während einer lebhaften Debatte grofse Zahlenreihen schnell und richtig addiert, ohne sich im mindesten dadurch ablenken zu lassen.

Die genannten und ähnliche Erfahrungen weisen nicht nur auf eine nichtbewufste Intelligenz, sondern — was noch mehr ist — auf ein nichtbewufstes Gedächtnis. Mr. BARKWORTH mufs mindestens zwei Zifferngruppen in der Erinnerung haben, um aus ihnen eine dritte zu schaffen, er mufs diese wieder behalten, um eine frisch wahrgenommene vierte hinzuzufügen u. s. f. Diese Gedächtniskette aber fungiert, wohlgemerkt, völlig unabhängig von derjenigen, auf der sich die Konversation aufbaut, so dafs man füglich behaupten darf, es bestehe aufserhalb der Kenntnis des Individuums Bewufstsein, und Erinnerung.

Nun sind Bewufstsein und Erinnerung die beiden Elemente der Persönlichkeit. Betrachtet man nämlich das Ich unter dem Gesichtspunkt augenblicklicher Existenz, so läfst es sich als die Summe gegenwärtiger Bewufstseinszustände definieren, betont man die Kontinuität mit der eigenen Vergangenheit, so ist es durch das Gedächtnis gebildet. Die Vorstellung eines einheitlichen Ichs würde also voraussetzen erstens, dafs die gesamten aus Empfinden, Denken, Wollen vereinigten psychischen Prozesse im Blickpunkte des Wachbewufstseins lägen, zweitens, dafs sämtliche Reproduktionsvorgänge zur Kenntnis des Individuums gelangten. Aus den geschilderten Phänomenen im gewöhnlichen Leben des gesunden Menschen scheint sich jedoch das Gegenteil zu ergeben. Es folgt m. E. aus ihnen die Zusammengesetztheit unserer Persönlichkeit aus zwei mehr oder minder unabhängig von einander operierenden Bewufstseinshälften, die man bildlich als Ober- und Unterbewufstsein bezeichnen könnte. Ich denke dabei nicht an eine Art geologischer Schichten im Gehirn, sondern wähle die Benennung blofs als ein leichtverständliches Bild, das ich gern gegen ein treffenderes aufzugeben bereit bin.[1])

Die Hypothese des Doppelbewufstseins fällt der Normal-Psychologie vornehmlich aus drei Gründen schwer. Zuvörderst ist der Begriff unserer Persönlichkeit ein durchweg einheitlicher und man neigt leicht dazu, die Vorstellung von sich selbst für den adäquaten Ausdruck des Thatbestandes zu halten. Wir glauben eins zu sein,

---

[1]) Die von DROSSBACH gewählte Versinnlichung einer beleuchteten und einer unbeleuchteten Seelenseite dürfte sich nicht empfehlen, weil sie einen »Beleuchtungsapparat« erfordert, für dessen Existenz kein Beweis zu erbringen ist, abgesehen von den Gegengründen der *lex parcimoniae*. Vgl. DROSSBACH, Die Genesis des Bewufstseins nach atomistischen Prinzipien, S. 144 u. S. 180. Leipzig, 1860.

weil wir uns als eins fühlen. Aber auch hier mufs man sich davor hüten, die natürliche Auffassung von einer Sache mit der Sache selbst zu verwechseln. Damit verknüpft sich an zweiter Stelle das Bestreben vieler philosophischen Psychologen, alle gegebene Mannigfaltigkeit auf schematische Einheiten zurückzuführen, oder, wie LEWES es spöttisch nennt: die unheilbare Sucht, erfundene Abstraktionen zu personifizieren. Zudritt kommt der Umstand in Betracht, dafs die Summe seelischer Vorgänge in dem Körperorganismus zu einer physiologischen Individualeinheit verbunden ist. Aber die Annahme, dafs in einer Zelleneinheit zwei getrennte Reihen von Bewufstseinszuständen — etwa in verschiedenen Nervenzentren lokalisiert — neben einander hergehen, wird durch nichts widerlegt, im Gegenteil sogar unterstützt durch das Gesetz der dynamischen Assoziationen.

Ich fasse noch einmal kurz zusammen. — Es geschehen im Verlauf des gewöhnlichen Lebens Handlungen, welche zu ihrer Entstehung alle Fähigkeiten der menschlichen Seele voraussetzen und trotzdem sich ohne Wissen des Individuums abspielen. Sie heifsen automatisch. Es giebt somit automatische Bewegungen (sich anziehen, einen Weg zurücklegen) und andere automatische Thätigkeiten (Schritte zählen, Zahlen addieren). Bei den letzteren tritt die Existenz eines gesonderten Gedächtnisses deutlich zu Tage. Auch sie finden ohne Kenntnis der Person, aber nicht ohne Bewufstsein, nicht »unbewufst« statt. Sie gehören gewissermafsen einem Unterbewufstsein an, das neben dem weitaus mächtigeren Oberbewufstsein erst in der Annahme eines Doppelbewufstseins die gebührende Berücksichtigung erfährt. Erblickt man daher in Bewufstsein und Erinnerung die wesentlichen Bestandteile eines Ich, so darf man kecklich sagen: **jeder Mensch birgt in sich die Keime einer zweiten Persönlichkeit.**

II.

Die Erfahrungen der Psychopathologie auszunutzen für die Erkenntnis des gesunden Seelenlebens, erregt bei denjenigen Forschern keinen Anstofs mehr, welche in krankhaften Zuständen eine Übertreibung gesunder Anlagen finden und die da wissen, wie schwer eine Grenze zwischen normal und anormal zu ziehen ist. Die Arbeiten TH. RIBOTs haben gelehrt, dafs aus einer meisterlichen Handhabung dieser Methode neue Einsichten in Fülle erwachsen. Aber freilich unterschätzt wohl RIBOT den Wert der Selbstbeobachtung, wenn er, der Biologe, meint, es bleibe kein rein psychologisches Problem übrig, nachdem Physiologie und Pathologie ihr letztes Wort gesprochen.¹) Gerade für unsere Frage zeigt die nach innen gerichtete Analysis deutlich die ersten Spuren dessen, was der Kliniker in voller Entfaltung bei seinen Krankengeschichten verbucht.

Schon in den Träumen lassen sich leise Ansätze zur Bildung einer zweiten Gedächtniskette verfolgen. Der Fall ist nicht so selten, dafs jemand in der zweiten Nacht dort fortfährt zu träumen, wo er in der ersten aufgehört, gleichviel ob ihm das nun am Zwischentage oder am Tage nachher zum Bewufstsein gelangt. Ebenso kommt es vor, dafs ein Betrunkener sich der im Rausche vollführten Handlungen im nüchternen Zustand zwar nicht, aber während des nächsten Rausches erinnert.²) Der Rat ist nicht so thöricht, den jener Ehemann seiner Frau gab, als sie darüber jammerte, dafs er im Wirtshaus den Schlüssel verlegt habe: „Warte nur, bis ich wieder einen Spitz habe, dann werde ich schon wissen, wo das dumme Ding geblieben ist." Noch auffälliger wird die Spaltung des Ich bei Personen, die an Anfällen von natürlichem Somnambulismus leiden Man hat oft nach MACARIO die Geschichte jenes Mädchens citiert, das, während eines Anfalls vergewaltigt, beim Erwachen nichts davon wufste und erst im folgenden Anfall das Geschehene ihrer Mutter enthüllte.

Etwas verwickelter liegt die Sache bei den Epileptikern. Oft nämlich folgt auf die eigentliche Krisis ein Zustand geistiger Gestörtheit, der sich in teils sonderbaren, teils selbst verbrecherischen Handlungen zu erkennen giebt, immer jedoch den Charakter eines *mental automatism* trägt wie HUGHLINGS JACKSON es treffend ausdrückt. Dieser Zustand hinterläfst keine oder eine sehr schwache Erinnerung; die Beispiele sind bei RIBOT zu finden. Ein Arbeiter, am Tage seiner Hochzeit von epileptischem Irresein ergriffen, tötet seinen Schwiegervater, kommt nach mehreren Tagen zu sich und weifs nicht das Geringste von dem Vorgefallenen (MOREL). Hier sind zwei Punkte besonders zu bemerken. Zunächst wird die landläufige Annahme einer Bewufstlosigkeit deshalb nicht zugestanden werden können, weil komplizierte, verschiedenen Zwecken angepafste Handlungen notwendigerweise ein wenigstens intermittierendes Bewufstsein voraussetzen. Auch erweist die Kasuistik, dafs manche Personen während des epileptischen Anfalls auf befehlerisch gestellte Fragen in kurzen Sätzen und mit kreischender Stimme antworten. Später erinnern sie sich weder dessen, was man ihnen gesagt hat, noch was sie erwiderten: ein sicheres Zeichen für eine Störung des Gedächtnisses, kein Zeugnis für einen Ausfall des Bewufstseins.³) Ja, in einzelnen Fällen gelangen

---

¹) RIBOT, *Les maladies de la personnalité*, S. 86 ff. u. S. 169. Paris, 1885.
²) Zur Frage des sog. Automatismus bei Säufern sind zu vergleichen die Arbeiten von CROTHERS, MAGNAN, GOFSJEEFF.
³) Die psychologisch wichtigen Beobachtungen über Bewufstseinspause und Erinnerungsdefekt, sowie über die *Epilepsia mitior*, *petit mal*, die von GRIESINGER

die Kranken dazu, diese oder jene Thatsache aus der Zeit des Anfalls, vornehmlich aus seinen letzten Augenblicken, sich zu vergegenwärtigen; ein Zug, der nach DELBOEUFs Untersuchungen bekanntlich bei Hypnotisierten häufig wiederkehrt. Wird eine Hypnose unterbrochen, so weifs die Versuchsperson oft von den Ereignissen der letztvergangenen Minuten. — Der zweite Punkt, auf den ich oben anspielte, ist die grofse Ähnlichkeit zwischen den epileptischen Anfällen desselben Kranken, eine Ähnlichkeit nicht nur in dem grofsen Ganzen, sondern sogar in jeder Einzelheit. Ich mache wiederum auf die Analogie mit dem Hypnotismus aufmerksam.

Damit ist der Übergang zu denjenigen pathologischen Fällen gegeben, welche eine gänzliche Spaltung des Individuums in zwei verschiedene psychische Gruppen enthalten. — MITCHELL und NOTT (1816) und nach ihnen MACNISH in seiner *Philosophy of sleep* berichten von einer jungen Amerikanerin mit periodischer Amnesie. Die Dame war nach einem unnatürlich langen Schlaf in einen Zustand völliger Geistesabwesenheit verfallen, d. h. sie mufste alles — Gehen, Sprechen, Lesen, Schreiben — von neuem lernen. Es herrschte schlechthin *tabula rasa*. Nach einigen Monaten kam sie, wieder infolge längeren Schlafes, in ihren normalen Zustand zurück. Und nun wechselten vier lange Jahre und darüber hinaus beide Zustände mit einander, stets von einem Schlafsuchtsanfall unterbrochen. In dem alten Zustand besafs sie alle ihre ursprünglichen Kenntnisse, in dem neuen nur die während der Krankheit mühsam erworbenen, und diese Alternation erstreckte sich sogar auf die primitivsten Fertigkeiten, wie Gehen und Sprechen. Überhaupt hatte die Patientin ebenso wenig eine Ahnung von ihrem Doppelleben wie zwei sich fremde Menschen von ihrer gegenseitigen Existenz.

Die bisher geschilderten Fälle von Doppelbewufstsein unterscheiden sich von den im ersten Abschnitt angezogenen durch ein Moment recht wesentlich. Sie zeigen neben einander, was dort mit einander verbunden war. Die Spaltung des Bewufstseins bei Herrn BARKWORTH, der inmitten der Unterhaltung Additionen ausführt, ist eine momentane, die zwei Persönlichkeiten in ihm arbeiten zu gleicher Zeit; bei der jungen Amerikanerin findet die Zerlegung statt in zwei zeitlich getrennte Individuen, deren jedes sein eigenes Bewufstsein und sein eigenes Gedächtnis besitzt. Es wird gleichsam auseinander gebreitet, was im gewöhnlichen Leben zusammengefaltet ist: das verleiht eben den der Pathologie entlehnten Beispielen den Vorzug gröfserer Eindringlichkeit.

---

so genannten epileptoïden Zustände, die larvierte Epilepsie und die psychischen Äquivalente findet man bei WITKOWSKI, FUERSTNER, PICK, O. BERGER, BINSWANGER, HOENIGSBERGER. Die überaus schwierige Unterscheidung von der Hysteroepilepsie glaube ich bei der kurzen Übersicht vernachlässigen zu dürfen.

Zumeist also schliefsen sich die beiden Gedächtnisse aus, das eine erscheint, wenn das andere verschwindet. Jedoch schon von den Epileptikern bemerkte ich, dafs sie gelegentlich im Wachbewufstsein sich einiger Vorfälle aus dem Verlauf der Krise erinnern. Ähnlich umfafst in den folgenden Fällen das eine Bewufstsein das ganze Leben, das andere nur ein Bruchstück desselben.

Dr. AZAM erzählt von einer hysterischen Frau, Félida X..., dafs sie seit 1856 zwischen *condition prime* und *condition seconde* zu wechseln begann. Unter *condition prime* versteht AZAM den normalen Zustand, unter *condition seconde* einen natürlichen Somnambulismus, in welchem die Kranke sowohl von dem weifs, was zur Zeit der früheren Anfälle vorgegangen ist, als auch von den Vorgängen des gewöhnlichen Lebens; das primäre Bewufstsein dagegen umspannt nur die Ereignisse der *condition prime*. Nun häuften sich aber die Anfälle dermafsen, dafs sie schliefslich den ursprünglichen Zustand ganz verdrängten; und so endete dieser merkwürdige Kampf der beiden Ich mit dem Siege der neuen oder somnambulen Persönlichkeit über die alte oder normale. — Ähnlich verhielt es sich mit DUFAYs Patientin R... L... Während der Periode, welche der *condition seconde* bei Félida entspricht, erinnert sich die Kranke genau aller Einzelheiten aus den somnambulen Zuständen und aus dem wachen Leben, gleichwie die Hypnotisierten meist von beiden Reihen Kenntnis haben; in normaler Verfassung fehlt jegliches Bewufstsein der somnambul ausgeführten Handlungen. — In dem kurz skizzierten Bild der beiden ja hinreichend bekannten Krankengeschichten ist jedoch noch ein anderer wichtiger Zug enthalten. DUFAYs wie AZAMs Patientinnen zeigen nämlich zusammen mit dem Persönlichkeitswechsel eine Charakterveränderung, welche recht deutlich die thatsächliche innere Spaltung zur Anschauung bringt. So spricht das Fräulein R... L... in der Periode des vollständigen Gedächtnisses von ihrem normalen Zustand als von einem »*état bête*«; ihr Gefühls- und Stimmungsleben ist nicht minder scharf zerteilt als die Bewufstseins- und Erinnerungsthätigkeit. Das Auftreten einer solchen Charakterverdoppelung bei Geisteskranken ist übrigens jedem Irrenarzt zur Genüge bekannt; es bedarf daher an dieser Stelle blofs des Hinweises auf die einschlägige Litteratur.

Ich komme nunmehr zu einem sehr umfangreichen Erscheinungskomplex, der leider zur Zeit noch mehr Schwierigkeiten als Aufschlüsse bietet. Ich meine die Untersuchungen an Hysterischen. Wenngleich sie den Vorzug experimenteller Handhabung vor den bisher geschilderten klinischen Beobachtungen voraushaben, befinden sie sich doch augenblicklich in einem so unentwickelten Stadium, dafs es schwer fällt, aus der Masse der Einzelthatsachen das Bleibende, Wichtige hervorzuheben. Selbst einem methodisch so vortrefflich geschulten Psychologen wie ALFRED BINET, auf dessen inhaltsvolle Arbeiten ich mich in erster Reihe beziehe, ist es nicht gelungen, sich von Weitläufigkeiten und Widersprüchen frei zu halten. Dafs diese Studien, in demselben Geiste fortgesetzt, dereinst eine eminente Bedeutung erlangen werden, unterliegt mir freilich keinem Zweifel.

Die Versuchspersonen sind Hysteriker mit partieller Anästhesie. Es werden ihnen die Augen verbunden oder durch einen Schirm an der Kontrole der Vorgänge verhindert. Der Experimentator ergreift nun die unempfindliche rechte Hand, läfst sie einige Zeichen malen, Ziffern, Buchstaben oder Worte, und überläfst dann diese Hand sich selbst. Was geschieht? Das anästhetische Glied setzt die mitgeteilte Bewegung fort. Daraus folgt, dafs der Reiz verspürt wurde, mit anderen Worten, dafs die hysterische Insensibilität nicht wie die aus organischer Ursache hervorgegangene alle und jede Empfindung ausschliefst. — Unter denselben Vorsichtsmafsregeln wird ferner von den Herren BINET und FÉRÉ das folgende Experiment angestellt. Man läfst einen Bleistift in die Hand der Versuchsperson gleiten, zwischen Daumen und Zeigefinger: sofort nähern sich beide Finger einander, die übrigen krümmen sich und die ganze Hand nimmt die Haltung zum Schreiben an. Hier wird also durch die nicht gefühlte Reizung eines anästhetischen Körperteils eine gewohnheitsmäfsige Anpassungsbewegung erzeugt, die in Beziehung zu Natur und Sitz des ausgeübten Reizes steht. — Ich gehe jetzt einen dritten Schritt weiter. Die genannten Gewährsmänner haben oft beobachtet, dafs die den Bleistift haltende unempfindliche Hand nicht blofs der Führung willig folgt, sondern sogar Fehler verbessert, die der Experimentator absichtlich begehen läfst, und selbst spontan mehr oder minder lange Sätze schreibt. Es scheint demnach unterhalb des Bewufstseinsniveaus sich aufser dem Prozefs der Empfindung ein sehr verwickelter Prozefs der Überlegung abzuspielen.

Dieser Schlufs würde zwingende Beweiskraft erhalten, wenn es gelänge, die betreffende seelische Thätigkeit sozusagen zu einer Meldung an das Oberbewufstsein zu veranlassen. Wir haben auf Grund einiger Stichproben aus dem gewaltigen Versuchsmaterial annehmen müssen, dafs Perzeption und Reflexion stattfinden, aber, im zweiten Bewufstsein verborgen, nicht zur Kenntnis des Individuums gelangen. Davon wird der Hysteriker nie etwas wissen, dafs er in der rechten Hand ein Blei hält, aber es wäre denkbar, dafs unter einer anderen Form die Kunde von der Wahrnehmung in das erste Bewufstsein dringt. Die Richtigkeit dieser Annahme scheint sich aus einer zweiten Versuchsreihe zu ergeben, über die Herr BINET in der *Revue philosophique* berichtet.

Um die Hauptsache in des Verfassers eigenen Worten wiederzugeben: „*chez l'hystérique, il se produit une image visuelle à la suite de l'excitation tactile d'une région insensible*". Obwohl weder der Reiz als solcher erkannt noch in der Haut lokalisiert wird, dringt doch manchmal eine dem jeweiligen Reiz entsprechende Vorstellung in das Wachbewufstsein. Wenn man z. B. die Fläche der unempfindlichen Hand mit einem der Person bekannten Gegenstand, etwa einem Messer, in Berührung bringt, so weifs die Person nichts von der Form des Messers, nichts von Schmerz u. s. f.; alle diese latenten Sensationen erzeugen aber ein optisches Gegenstück in der Sphäre des ersten Bewufstseins, das Gesichtsbild eines Messers, das an sich vollkommen bewufst ist. Die unterbewufste Tastempfindung erregt durch Ideenassoziation die entsprechende oberbewufste Gesichtsempfindung — wenn ich die früher erläuterten Bezeichnungen einmal beibehalten darf. — Eine Schwierigkeit der bezüglichen Experimente lag darin, die Suggestion zu vermeiden und das Bewufstseinsfeld in geeigneter Weise zu beschränken. Dies geschah durch folgenden *modus operandi*. Man heftet die Aufmerksamkeit der Versuchsperson auf die Buchstaben eines Zeitungsblattes, drückt stark auf die unempfindliche Körpergegend und ruft damit eine Kontraktur hervor. Unter solchen Umständen externalisiert sich das durch die peripherische Reizung erzeugte Gesichtsbild auf dem Papier, bedeckt die Schriftzeichen, hindert die Lektüre und macht das Sujet stutzig. Wenn man jetzt die Hand sticht oder Linien auf ihr zieht, so sieht die Person alle diese Punkte oder Linien auf dem Zeitungsblatt und kann sie ungefragt, von selbst beschreiben.

Vielleicht wird der Vorgang noch deutlicher durch eine Vergleichung mit den entsprechenden Prozessen beim normalen Menschen. — Jede Wahrnehmung ist eine Summe von einfachen Empfindungen. Die Zusammenfassung der letzteren zu einer Einheit (nämlich der des wahrgenommenen Gegenstandes) und die Auslegung der Empfindungen durch die von ihnen erweckten Vorstellungen aus einer früheren Erfahrung, dies beides ist nur durch eine unbewufste psychische Thätigkeit denkbar. In allen unseren Vorstellungen machen wir unbewufste, durch die Ideenvergesellschaftung bedingte Schlüsse.[1]) Von der hierzu nötigen seelischen Arbeit meine ich, dafs sie schlechthin unbewufst genannt werden darf: ihre Stätte ist die dunkle Seelentiefe. — Jetzt erhalte ich durch meine rechte Hand eine so aus einfachen Empfindungselementen zusammengesetzte Tastwahrnehmung, sagen wir die eines Messers. Wenn ich nun gerade die Augen geschlossen habe oder in einem dunklen Zimmer bin, so erzeugt diese Berührung ein mehr oder minder intensives Gesichtsbild von Form und Farbe des Gegenstandes, wovon sich Jeder leicht überzeugen kann. Der Vorgang bei den Hysterischen unterscheidet sich hiervon nur durch das Fehlen des ersten Gliedes, der taktilen Empfindung. Während beim gesunden Menschen eine deutlich bemerkte Thätigkeit der sensiblen Nerven nach dem Gesetz der Gedankenverbindung eine ebenso deutlich bemerkte visuelle Thätigkeit hervorruft, bleibt

---

[1]) Vgl. HELMHOLTZ, Handbuch der physiologischen Optik, S. 449. Berlin, 1867.

bei dem Hysteriker der Hautreiz unbemerkt und nur seine Folgeerscheinung wird klar aufgefaſst. Ich meine nun, daſs man die scheinbar fehlende Tastwahrnehmung nicht in demselben Sinn unbewuſst nennen darf, wie den auch in ihr enthaltenen ziemlich verwickelten Mechanismus jeder Wahrnehmung. Der Vorgang von dem Hautreiz an bis zur entsprechenden Vorstellung im Gehirn entzieht sich wohl der Kenntnis des Individuums, spielt aber im Bewuſstsein; er bleibt gleichsam hinter den Kulissen und überlässt es seinem jüngeren Bruder, auf die hellbeleuchtete Bühne des Wachbewuſstseins zu treten.

Wir können also sagen, daſs unter normalen Verhältnissen beide Teile des Vorganges sich in der oberen Sphäre des Bewuſstseins bewegen, in den geschilderten Experimenten jedoch nur der letzte Teil. Es ist ein unteres Bewuſstsein, welches die Berührung empfindet, den Gegenstand als räumlich ausgedehnten und geformten erkennt, kurz alle Vorbedingungen zu einer Gesichtswahrnehmung schafft. Das erste Bewuſstsein empfängt nur das fertige Resultat und begreift nicht, um was es sich handelt, da es den Ursprung der Erscheinung nicht versteht. Bald bildet es sich ein, daſs es die Idee aus freien Stücken gewählt habe, bald, daſs sie spontan entstanden sei, oft kümmert es sich gar nicht darum; einige weniger intelligente Personen meinten sogar, das Buch, in dem sie lesen muſsten, sei an den inneren Bildern schuld.

Bei der Wichtigkeit des Gegenstandes dürfen wohl noch zwei von den vielen feinen Beobachtungen BINETs zur Unterstützung des Erklärungsversuches mitgeteilt werden. — Wenn das Sujet aufgefordert wird, an etwas Beliebiges zu denken, so wählt es genau die Vorstellung, welche dem ohne Wissen der Person ausgeübten peripherischen Reiz entspricht. Der Experimentator zieht etwa auf der anästhetischen Hand die Linien eines Vierecks und vor dem Auge des Hysterikers taucht plötzlich die Figur des Vierecks auf. Aber es besteht ein interessanter Unterschied zwischen einer solchen heimlich erzwungenen Wahl und einer völlig freien. In letzterem Fall erfolgt die Antwort sofort, in ersterem dauert es zwei bis fünf Sekunden,[1]) ja manchmal sagt die Kranke geradezu: „Ich weiſs nicht, ich muſs noch einen Augenblick überlegen." Da haben wir ganz die bekannte Langsamkeit der Apperzeption. — Wenn man die (vom Experimentator geführte) anästhetische Hand eine arabische Ziffer schreiben läſst, darunter alsdann eine zweite, dann unterhalb der zweiten Ziffer eine Querlinie ziehen läſst, so ereignet es sich manchmal, daſs die Versuchsperson von selbst unter diese Linie die Summe beider Zahlen setzt. Dies Resultat ist das einzige, wovon das Sujet auf Befragen weiſs. Was folgt daraus? Es folgt, daſs im sekundären Bewuſstsein die Wahrnehmungen nicht nur registriert,

---
[1]) Genauere psychophysische Messungen scheinen leider bisher nicht angestellt zu sein.

sondern auch begrifflich mit einander verknüpft werden, dafs ohne Kenntnis des Individuums Additionen ausgeführt werden, von denen nur das letzte Glied, das Ergebnis, in das primäre Bewufstsein hinüberspringt. An die Ähnlichkeit, fast möchte ich sagen, Gleichheit mit dem Falle BARKWORTH brauche ich blofs zu erinnern.

Die psychologische Untersuchung der hysterischen Anästhesie lehrt also eine Doppelheit des Geistes. Sie statuiert ein der vernünftigen Überlegung fähiges Unterbewufstsein und zeigt, dafs dieses zusammen mit dem Hauptbewufstsein wirkt, gemäfs dem Gesetz der Arbeitsteilung. Sie deckt eine Verbindung zwischen den beiden Bewufstseinssphären auf, deren Getrenntheit wir bislang in den Vordergrund stellten. So bilden BINETs Studien eine Ergänzung zu den Untersuchungen PIERRE JANETs. Auf eine detaillierte Schilderung der letzten einzugehen mufs ich mir versagen, da dieser Abschnitt sich schon allzu sehr in die Länge gezogen hat. Es genüge daher die Bemerkung, dafs nach den sehr zahlreichen Erfahrungen gewisse Phänomene, welche beim normalen Menschen innerhalb des Bewufstseinsfeldes liegen, sich bei den Hysterischen auf zwei verschiedene Bewufstseinsfelder verteilt finden. Herr JANET spricht es frei aus: die Verdoppelung der Persönlichkeit bei den Hysterikern ist keine Vermutung, sondern eine Thatsache. Erstaunlich, welche Fülle von Fragen sich mit der Anerkennung dieser These erhebt! Und sie harren alle noch der Antwort.

Ein kurzer Rückblick zeigt uns, dafs in Träumen, Rauschzuständen, somnambulen und epileptischen Anfällen ein von dem normalen Bewufstsein unterschiedenes Bewufstsein herrscht, dafs ferner zwischen den einzelnen Perioden sich Erinnerungsketten von gröfserer oder geringerer Festigkeit zu bilden pflegen. Das so entstandene sekundäre Gedächtnis schliefst sich aber nicht immer hermetisch von dem primären Lebenszusammenhang ab (MACNISHs Amerikanerin), sondern geht mit ihm eine Verbindung ein, wie in dem Beispiel Félida X.... In beiden Fällen indessen kann eine Charakterveränderung hinzutreten, so dafs zwei nach allen Richtungen hin verschiedene Individualitäten denselben Körper bewohnen. Weit weniger ausgebildet ist das Doppel-Ich bei den Hysterischen. Aber das achtsame Studium ihrer automatischen Bewegungen führt zu denselben Schlüssen über Existenz und Natur eines Unterbewufstseins wie die innere Erfahrung des gesunden Menschen.

III.

Die Arbeiten BINETs bilden den Übergang zu einer dritten Gruppe, deren bedeutsamster Vorzug in der experimentellen Methode besteht. Wie alle naturwissenschaftliche Thätigkeit dahin streben mufs, von der Beobachtung, dem einfachen Erfassen eines Gegebenen, zum Versuch, der künstlichen Wandlung der Bedingungen, fortzuschreiten, so bildete es auch für unser Problem eine Lebensfrage, ob es gelänge, das geeignete Experiment zu finden. Die Fälle AZAMs und DUFAYs leiteten auf den richtigen Weg. Sollte es nicht möglich sein, bei ähnlichen Vorkommnissen durch eine Hypnose das zu erzielen, was bei jenen der natürliche Somnambulismus leistete?

Im April 1885 kommt Victorine M... in die Behandlung der Herren Professoren BOURRU und BUROT in Rochefort. 26 Jahr alt, mit *grande hystérie*, hat sie infolge eines besonders starken Anfalls die Erinnerung an ihr Vorleben verloren; das Gedächtnis ist auf einen sehr kurzen Lebensabschnitt, etwa zwei Jahre umfassend, beschränkt. Sobald sie jedoch hypnotisiert wird, überschaut sie wieder ihre ganze Existenz, von der Geburt an bis zu dem Eintritt in das Hospital, die erwähnten beiden Jahre eingeschlossen. Zu gleicher Zeit ist ihr physischer Zustand verändert. Während sie im Wachen teils an Anästhesie, teils an Hyperästhesie leidet, ist ihre Empfindlichkeit in der Hypnose ganz normal. Und wenn man näher zusieht, entdeckt man auch psychische Verschiedenheiten, die in Physiognomie und Gesten, in Schrift und Sprache zum Ausdruck gelangen. — Der Fall würde sich, gemäfs den dargelegten Anschauungen, folgendermafsen erklären lassen. Eine heftige Erschütterung hat das Gleichgewicht des Seelenlebens gestört und einen Teil desselben in eine Tiefe gesenkt, die der Kenntnis des Individuums unerreichbar bleibt; in dem hypnotischen Schlaf aber entsteht ein Zustand, der diese Tiefe erschliefst. So wäre die Hypnose mit dem Unterbewufstsein identifizierbar.

Ich will nun die Beziehungen zwischen dem hypothetischen Doppel-Ich und dem Hypnotismus des näheren erörtern. Sie sollen uns Antwort auf eine Frage geben, welche als die Probe des ganzen Exempels gelten kann. Angenommen, dafs ich im normalen Zustand ohne Wissen eine Handlung ausführe, die ersichtlich Intelligenz voraussetzt, ist dann nicht vielleicht doch etwas da, was man ein Bewufstsein des automatischen Aktes nennen kann? Giebt es ein Mittel, die Erinnerung daran zu wecken? Oder, weiter gefafst: läfst sich der in Erfahrungen des täglichen Lebens und noch deutlicher in den pathologischen Übertreibungen bemerkbare verborgene Teil unseres Seelenlebens unabhängig von dem anderen zur experimentellen Untersuchung bringen?

Man denke sich eine tiefe Hypnose. Die Versuchsperson weifs nach dem Erwachen nichts von allem dem, was während des Schlafes mit ihr und um sie herum vorgegangen ist; in der nächsten Hypnose jedoch, mag sie nun nach einer Stunde oder nach einer Woche herbeigeführt werden, kehrt das Gedächtnis an die erste gleichartige Periode zurück. WOLFART erzählt einen Fall, wo eine Frau noch nach dreizehn Jahren im magnetischen Schlaf sich alles dessen erinnerte, was dreizehn Jahre vorher gleichfalls im magnetischen Schlaf mit ihr vorgegangen war, und woran sie seitdem nie mehr erinnert worden war.[1]) Einen ähnlichen Fall mit einem Zwischenraum von sechs Jahren hat BRAID beobachtet. Geradezu verblüffend wirkt eine solche Trennung zweier Bewufstseins- und Erinnerungssphären, wenn die Hypnose ganz plötzlich hervorgerufen wird: alsdann kommt es vor, dafs die betreffende Person nach dem Erwachen genau an der Stelle ihre Unterhaltung oder ihre Thätigkeit fortsetzt, an der diese unterbrochen worden war.[2]) Manchmal besitzen die Hypnotisierten ein Bewufstsein ihrer veränderten Persönlichkeitslage: sie behaupten zu „schlafen" und wünschen geweckt zu werden, wenn ihnen diese oder jene Suggestion nicht behagt. Mit Recht heben daher DESPINE und DESCOURTIS hervor, dafs man nicht eigentlich sagen dürfe, das Sujet habe nach dem Erwachen die somnambulen Handlungen vergessen; vergessen könne man nur etwas früher Gewufstes, und das primäre oder normale Selbst weifs doch nichts von dem, was das sekundäre oder somnambule Selbst erlebt hat. Letzteres dagegen erinnert sich meist[3]) sowohl der Vorgänge während des Wachens als auch während früherer hypnotischer Zustände.

Zwischen den theoretisch scharf zu trennenden Möglichkeiten finden *in praxi* der Übergänge genug statt. — Bei leichten Graden der Hypnose erinnert sich die Versuchsperson nach dem Erwachen an alles, was während des Schlafes geschehen ist, und selbst nach den tieferen Stadien kann durch Ideenassoziation die Erinnerung häufig geweckt werden. DELBOEUFs oben (S. 8) erwähnte Versuche und HEIDENHAINs bekannte Experimente haben das unwiderleglich dargethan. Ebenso fällt uns sehr oft ein ganzer Traum ein, wenn wir einen in sein Bilderspiel verwebten Gegenstand am Tag erblicken. Rechnen wir ferner die Traumthätigkeit zu den Äufserungen des Unterbewufstseins, so können wir die zwischen ihr, der Hypnose und dem wachen Leben bestehenden Beziehungen leicht begreifen. Es ist gar nicht so selten, dafs die hypnotischen Hallucinationen des Nachts noch einmal geträumt werden, ja, dass einzelne sich ihrer posthypnotischen Suggestionen durch einen Traum entledigen; MOLL kennt eine Person, die durch Sprechen im Schlaf ihre Träume ver-

---

[1]) Citiert von MOLL, Der Hypnotismus, S. 88. Berlin, 1889. Auch manche der späteren Angaben sind diesem trefflichen Werk entlehnt.

[2]) Über dieselbe Erscheinung bei Geisteskranken vgl. WINSLOW, *On obscure diseases*, S. 322 ff.

[3]) Ich habe ebenso wie PIERRE JANET einen Fall erlebt, wo die Person in der ersten Hypnose gar nicht wufste, wer sie sei, und aus dem normalen Leben nur die Fähigkeiten des Lesens und Schreibens hinübergerettet hatte.

rät, nach dem Erwachen Amnesie zeigt, hypnotisiert jedoch die Traumbilder wiederzugeben vermag. Aus dieser unterirdischen Region kann aber Vieles an das helle Tageslicht treten. Lebhafte Traumbilder werden oft für die Wirklichkeit genommen, Vorgänge der Hypnose durch entsprechende Suggestion für das Tagesbewufstsein erhalten. Indessen alle Variationen lassen sich schematisch durch eine Kombination zwischen erstem und zweitem Bewufstsein verständlich machen. Dasselbe gilt von den scheinbar so rätselhaften posthypnotischen Suggestionen; und da über ihre Erklärung seit Jahren vielfach debattiert wird, glaube ich, etwas länger bei diesem Punkt verweilen zu müssen.

Es ist stets aufgefallen, wie verschieden der Zustand der Versuchspersonen während der Ausführung eines posthypnotischen Auftrages ist. Ich gebe dem Sujet z. B. den Befehl, nach dem Erwachen einen Schirm aufzuspannen. A verfällt ersichtlich dabei in eine neue Hypnose: er ist während des Augenblickes der Ausführung suggestibel und weifs nachher nichts von seiner That; erst in dem nächsten Schlaf erinnert er sich derselben. B ist im Gegenteil ganz wach: keine Suggestibilität, keine Amnesie; entweder verspürt er einen ihm unerklärlichen Zwang oder er sucht sich Gründe für seine Handlungsweise. C endlich bleibt auch völlig wach, aber er unterbricht seine Rede nicht, sondern öffnet automatisch den Schirm, d. h. ohne zu wissen, dafs er es thut. Diese drei Typen werden begreiflich, sobald wir das Ich des Hypnotisierten dem von uns im Menschen gefundenen sekundären Selbst gleichsetzen, denn von dem letzten wissen wir, dafs es auch während des wachen Lebens ununterbrochen thätig ist und sich in mehr oder minder starker Weise mit dem Oberbewufstsein vermischen kann. Die Arten der Ausführung einer nachwirkenden Eingebung können daher als Kombinationen zwischen dem Anteil des primären und dem Anteil des sekundären Selbst aufgefafst werden. Bei A überwältigt das hypnotische Bewufstsein völlig das wache. Bei B gewinnt es ihm blofs ganz wenig Terrain ab, gerade nur so viel, dafs die Idee überhaupt — teils zwangsmäfsig, teils illusorisch begründet — die That herbeiführt. Ist selbst dieser Stärkegrad nicht erreicht, so mifslingt die posthypnotische Suggestion oder bedarf einer Nachhilfe seitens des Experimentators. Im dritten Fall ist das Herrschaftsgebiet des hypnotischen Ich von dem des wachen Ich sehr scharf geschieden. Unabhängig von der übrigen Seelenthätigkeit vermag es die zu dem Akt nötige Maschinerie in Bewegung zu setzen.

Das letzte Beispiel, obwohl bisher am wenigsten beachtet, ist doch das lehrreichste: es zeigt jene konkurrierende Thätigkeit der beiden Bewufstseinssphären, die in den Vorfällen des gewöhnlichen Lebens und in BINETs Versuchen am auffallendsten hervortrat.

Am gleichen Faden laufen PIERRE JANETs[1]) bemerkenswerte Untersuchungen.

Die Heldin der fast märchenhaft anmutenden Geschichten JANETs ist die bekannte Madame B..., eine ältliche Bauernfrau von schwacher Konstitution, die Wittwe eines Kohlenbrenners in der Nähe von Cherbourg. Sie ist von scheuem Wesen, zurückhaltend, schweigsam und nur zur Hälfte in die Geheimkunst des Schreibens eingeweiht, kurz, eine Person, scheinbar so ungeeignet wie keine zweite, um unsere Vorstellungen von den Fähigkeiten der Seele zu erweitern. Und doch sind diese Eigenschaften, zusammen mit ihrer Gleichgültigkeit gegenüber dem Ablauf der Experimente, von unschätzbarem Wert für die Beweiskraft der Ergebnisse. — Frau B... führt in ihrem alltäglichen Leben den Vornamen Léonie; in der Hypnose trägt sie den selbstgewählten Namen Léontine, der also ihre zweite Persönlichkeit bezeichnet. Diese hypnotische Léontine, welche mit der wachen Léonie zu einer physiologischen Individualeinheit verbunden ist, bekommt nun, in einem von Herrn JANET vorgenommenen Versuch, die posthypnotische Suggestion, ihre Schürze auf- und wieder zuzuknüpfen. Frau B... wird also aus dem Schlaf geweckt und geht, im Gespräch mit Herrn JANET, nach der Thür. Inzwischen knüpfen ihre Hände — die vereinigten Hände von Léonie und Léontine, da ja beide Personen in demselben Körperorganismus wohnen — die Schürze auf. In diesem Augenblick lenkt Prof. JANET Léonies Aufmerksamkeit auf die herabfallende Schürze; „Herr Gott", ruft sie, „meine Schürze ist aufgegangen", und bindet sie, diesmal nicht automatisch, sondern mit vollem Bewufstsein und mit voller Absichtlichkeit, wieder zu. Sie fährt dann im Gespräch fort, und für sie, für Léonie, war damit der Zwischenfall erledigt: die Schürze, dachte sie, sei auf irgend eine Weise aufgegangen und sie habe sie wieder zugebunden. Indessen Léontine gab sich noch nicht zufrieden. Auf ihr Geheifs begannen die Hände zum zweitenmal das Werk, die Schürze wurde wieder gelöst und wieder gebunden, diesmal jedoch, ohne dafs Léonie das scheinbar mechanische Spiel der Hände im geringsten beachtet hätte.

Ich kann mich irren — aber es kommt mir vor, als sei die Annahme einer Persistenz des beobachtenden und erwägenden hyp-

---

[1]) Aus einem Brief des Herrn Prof. JANET in Le Hâvre erfahre ich, dafs ein umfangreiches Werk des genannten Forschers »*L'automatisme psychologique*« zu gleicher Zeit mit diesem Vortrag in den Druck geht. Da aufserdem Beiträge von FRED. MYERS und Anderen zu unserem Problem in Aussicht stehen, so gedenke ich, in einem zweiten, kürzeren Vortrag über die neuesten litterarischen Erscheinungen zu berichten. Übrigens soll dasselbe Thema auf dem für Anfang August geplanten Pariser *Congrès de Psychologie physiologique* verhandelt werden. — Die Quellen der im Text folgenden Berichte s. in meiner »Bibliographie des modernen Hypnotismus« No. 541, 549, 552. Auch die lichtvolle Übersicht des Herrn MYERS im XIII. Teil der *Proc. S. P. R.* habe ich teilweise benutzt.

notischen Selbst die einzig mögliche Deutung dieses interessanten Experimentes. · Es scheint unterhalb des Wachbewufstseins eine zweite Persönlichkeit zu leben, die sich an die Vorgänge des Somnambulismus erinnert, Befehle aus jener Periode auszuführen strebt und dazu über ein gewisses Quantum von Überlegung verfügt. Das Gleiche ergiebt sich aus einigen Versuchen, welche in dem Komitee der Gesellschaft für Experimental-Psychologie angestellt wurden. In der Sitzung vom 30. April 1888 wurde zum erstenmal mit unserer Hauptversuchsperson, dem Herrn D...r, das folgende Experiment gemacht. D...r erhält eine posthypnotische Suggestion mit der Anweisung, er solle sie ausführen, sobald ich zum 17. Mal in die Hände geklatscht haben würde. Nach dem Erwachen verwickelt ihn Herr Dr. MOLL in ein lebhaftes Gespräch, während ich, ziemlich leise und in unregelmäfsigen Abständen, 15 Mal klatschte. Gefragt, ob er mich habe in die Hände schlagen hören, verneint es D...r und versichert auch, nicht zu wissen, was er nach dem 17. Klapp thun solle; sobald aber die beiden letzten Schäge ertönt sind, vollführt er automatisch das ihm Anbefohlene. Man kann darin noch weiter gehen, bis an die Grenzen der normalen Leistungsfähigkeit des betreffenden Individuums. Man sagt etwa: „Wenn die beiden Zahlen, die ich hinter einander ausspreche, addiert die Summe 7 ergeben, werden Sie dies oder das thun." Oder man verlangt, dafs das Sujet nach dem Erwachen jedesmal, wenn A zu ihm spricht, lache, wenn B, „Haha" rufe, wenn C, eine Grimasse schneide, wohlgemerkt, nachdem Amnesie festgestellt worden ist; es geschieht Alles auf das Pünktlichste, aber ohne dafs die Versuchsperson ihre sonderbare Handlungsweise bemerkt. Dieser in unserem Sonderausschufs oft variierte Versuch setzt unleugbar ein unbewufstes Erkennen der verschiedenen Personen, eine intellektuelle Thätigkeit voraus. Und so liefsen sich die Beispiele zu Hunderten geben.

Die gewöhnliche Interpretation der Thatsachen — ich erinnere an die Diskussion zwischen PAUL JANET, RICHET, BERNHEIM — stützt sich auf die Ideenassoziation: durch ihre Hilfe geschehe es, dafs der Anblick des Herrn A Lachen errege. Aber diese Deutung genügt nicht für den Fall des unbewufsten Rechnens und sie reicht nicht aus für die posthypnotischen Eingebungen auf längere Verfallszeit. Wir haben einmal dem D...r gesagt, er werde am 16. Dienstag von dem vergangenen an gerechnet in das Zimmer des Herrn Dr. MOLL kommen, die Anwesenden mit Schimpfworten titulieren und Herrn MOLL die Uhr stehlen. Diese Suggestion erfüllte sich richtig am 25. September 1888, ein Datum, das wir uns mit Hilfe des Kalenders hatten ausrechnen müssen. Hier ist also kein Merkzeichen gegeben, wollte man nicht annehmen, dafs das Sujet sich schnell in der Hypnose den Tag berechnet. Aber gegen eine solche Vermutung spricht GURNEYs Beobachtung, dafs die Personen in den Zwischenhypnosen den Endtermin nicht angeben können, hingegen die Zahl der Tage wissen, die verflossen sind und noch verfliefsen werden, gerade als ob ein latentes Bewufstsein die Tage abzähle und vermöge dieser Abzählung die Suggestion zur rechten Zeit erfülle. Mag demnach selbst bei kurzem Zwischenraum zwischen Aufgebung und Ausführung einer Suggestion die natürlichste Hypothese die sein, dafs eine isolierte Idee, eingepflanzt in die normale Gedächtniskette, zur bestimmten Stunde im geistigen Glockenwerke Alarm schlage, wie der Klöppel einer Weckeruhr, so kann man doch bei Eingebungen auf Monate und Jahre hinaus kaum annehmen, dafs es sich um eine rein mechanische Selbstverwirklichung schlummernder Gedanken handelt. Es mufs eine Art von Bemühung vorhanden sein, die betreffende Vorstellung lebendig zu erhalten, die Zahl der abgelaufenen Tage zu markieren u. s. f.

Soviel von den posthypnotischen Suggestionen. Ich komme jetzt zu einigen Beziehungen zwischen Doppel-Ich und Hypnotismus, die an die Auseinandersetzungen im ersten Abschnitt anschliefsen. Es geschehen, so sahen wir, im Verlauf des gewöhnlichen Lebens Handlungen, die ihren Ursprung in einer unbeleuchteten Bewufstseinssphäre haben müssen; wir nannten sie im Hinblick auf den Sprachgebrauch der Psychiater (JACKSONs *mental automatism*) automatische Handlungen. Wenn nun die Vermutung berechtigt ist, dafs das sekundäre Bewufstsein sich in der Hypnose gleichsam selbständig macht, so müssen zwischen den Vorgängen im künstlichen Schlaf und den automatischen Handlungen im Wachen Verbindungsfäden aufzudecken sein.

Die Aufgabe wird dadurch sehr erschwert, dafs nur selten Gelegenheit zu den einschlägigen Experimenten vorhanden ist. Es käme darauf an, heimlich die Versuchsperson bei solchen verwickelten Bewegungen, wie früher beschrieben, zu ertappen und dann den Hypnotisierten auf seine Erinnerungsfähigkeit vorsichtig, ohne Suggestivfragen, zu prüfen. Ich persönlich habe derartige Versuche bisher nicht machen können; nur ein einziger ähnlicher Fall ist mir vor zwei Jahren einmal vorgekommen. Mehrere Freunde waren bei mir, von denen der eine, W..., sich etwas durchlas, während wir anderen mit einander plauderten. Da fällt im Gespräch ein Name, der Herrn W... besonders interessiert, er dreht sich um uud fragt, was denn mit Herrn X... geschehen sei. Von allem Vorangehenden erklärt er nichts zu wissen; er habe nur diesen Namen gehört, wie das ja oft genug passiert. Mit seinem Einverständnis hypnotisiere ich ihn nun und frage in der ziemlich tiefen Hypnose noch einmal. Jetzt berichtet er zu unserem aufrichtigen Erstaunen sinngemäfs den Gang des Gespräches zur Zeit seiner Lektüre. — Es hat also hier eine Aufnahme von Sinneseindrücken stattgefunden, aber nicht in dem Bewufstsein, mit dem der wache

Mensch operiert, sondern in einem anderen, das erst in der Hypnose zur Entfaltung gelangt. Der Unterschied von den oben angedeuteten Experimenten besteht also darin, dafs hier Wahrnehmungen, dort Bewegungen das Material bilden.

Vorausgesetzt, dafs das hypnotische Selbst nur eine Entwickelungsphase des Unterbewufstseins darstellt, so müfsten sich auch aus den automatischen Handlungen hypnotische Zustände entwickeln lassen. Dafs dies in Wirklichkeit der Fall ist, beweist die sogenannte *suggestion par distraction*. Ein Beispiel. Herr JANET erzählt von einer Hysterica mit partieller Anästhesie. „Die Frau, völlig wach, sprach mit Herrn BINET. Ich stellte mich hinter sie und veranlafste sie durch leise gegebene Befehle, die Hände unbewufst zu bewegen, ein paar Worte zu schreiben, meine Fragen durch Zeichen zu beantworten u. s. f. Plötzlich hörte das Sujet auf, mit Herrn BINET zu sprechen, drehte sich zu mir um und setzte richtig mit der Stimme die Konversation fort, welche sie durch unbewufste Zeichen begonnen hatte. Dagegen sprach sie nicht mehr mit Herrn BINET und hörte ihn nicht länger sprechen; es war notwendig, sie zu wecken, worauf sie natürlich alles vergessen hatte. Nun hatte die Versuchsperson vorher keine Ahnung von meiner Anwesenheit gehabt, es war daher nicht diese an sich, welche hypnosigen wirkte. Der Schlaf war vielmehr ersichtlich das Resultat der Entwickelung von unbewufsten Handlungen, welche das normale Bewufstsein erst angegriffen und dann gänzlich überwältigt hatten. Diese Erklärung ist leicht zu verifizieren. Mein Sujet, Frau B..., bleibt völlig wach in meiner Nachbarschaft, solange ich nicht unbewufste Phänomene hervorrufe; sobald jedoch diese zu zahlreich und verwickelt werden, verfällt sie in Schlaf." — Ich brauche dem Bericht nur hinzuzufügen, dafs mir JANETs Verwendung des Wortes »unbewufst« irreführend und unrichtig erscheint. Meiner Meinung nach ist durch solche Erfahrungen bewiesen, dafs bei der Häufung von automatischen Handlungen das zweite Selbst, welches die Zerstreutheitshandlungen leitet, genötigt wird, vollen Besitz von dem Menschen zu ergreifen, und zwar mit Hilfe der Hypnose.

Die Häufung mufs freilich, abgesehen von den individuellen Verschiedenheiten, eine ziemlich intensive sein, denn ein anderer Versuch des Herrn JANET zeigt, wie lange primäres und sekundäres Bewufstsein neben einander thätig sein können. Ein völlig wacher, noch nie hypnotisierter, aber sehr suggestibler Mann wurde durch leises Zureden schliefslich dahin gebracht, sich auf den Bauch zu legen, ohne dafs er deshalb die wachbewufste Konversation unterbrach oder etwas von der Veränderung verspürte. Auf die Frage eines Dritten, in welcher Lage er sich denn eigentlich befinde, antwortete er: er stände, wie zuvor, am Bett. — Ob er nicht merke, dafs er ganz klein geworden sei, er müsse ja den Kopf hoch halten, um mit ihm, dem Frager, zu sprechen. — Ja, er sei bekanntlich einen halben Kopf kleiner als der Frager, aber doch heute nicht mehr als sonst. — Die systematische Ausbildung des Unterbewufstseins im Stande der Cœxistenz, indessen nach anderer Richtung hin, hatten wir schon im Falle BARKWORH kennen gelernt. Gerade so wie unsere zersplitterten Träume sich, sozusagen, konsolidieren können in successive Perioden von Somnambulismus, die durch eine Gedächtniskette zusammengehalten werden, so können auch die Zerstreutheitshandlungen so erzogen und gefestigt werden, dafs sie sich zu der mehr oder weniger kontinuierlichen Manifestation einer unterirdischen Persönlichkeit gestalten. (MYERS.)

Diejenige automatische Bewegung, welche wegen der ihr innewohnenden Ausdrucksfähigkeit die reichsten Aufschlüsse zu gewähren vermag, ist die des Schreibens. Eine vortreffliche Monographie des automatischen Schreibens hat FREDERIC MYERS geliefert, wichtige Auseinandersetzungen hat MOLL gegeben. Ich versuche, den Vorgang von unserem Standort aus zu beleuchten.

Die ersten Anzeichen eines Schreibens, das nicht von der wachen Intelligenz geleitet wird, zeigen sich in den Kritzeleien, die man wohl während des Nachdenkens über wichtige Gegenstände auf das Papier wirft. Schiller erzählt von sich selbst, er male ganze Bogen mit »Röfslen« voll, wenn er recht angestrengt überlege. Solche gedankenlosen Malereien können auch in der Wiederholung eines und desselben Wortes bestehen, z. B. Else, Else, Else, wobei die kalligraphische Ausführung eine Hauptrolle zu spielen pflegt. Sobald aber verschiedene Worte, ja ganze Sätze unabsichtlich zu stande kommen, entsteht das, was die Spiritisten »indirektes mediumistisches Schreiben« getauft haben. Ich habe es in drei Phasen kennen gelernt. Im ersten Stadium der Ausbildung weifs der Experimentierende noch, was er schreibt, aber er empfindet es als unabhängig von seiner Willkür. Entwickelt sich das Unterbewufstsein zu gröfserer Freiheit, gewinnt es mehr Gewalt über die Bewegung der Feder, so verliert der Operator die Kenntnis von dem Inhalt seiner eigenen Schrift und beobachtet mit erklärlichem Erstaunen, wie manchmal die verborgensten Gedanken und Gefühle an das Tageslicht gelangen. Ist die Dualität auf den Gipfel gestiegen, so merkt das Sujet gar nicht, dafs die Hand schreibt, und es kann zu gleicher Zeit sich ungeniert mit anderen Dingen beschäftigen, mit den Anwesenden plaudern u. s. f. Dann mag es auch vorkommen, dafs das »Schreibmedium« mitten in der Sitzung in den »Trance«, einen hypnotischen Zustand, verfällt, was nach dem Spiritisten-Katechismus ein völliges Aufgehen in den »kontrollierenden« Geist bedeutet. Für uns beweist diese Thatsache, dafs, wenn Inhalt oder Ausdehnung des automatischen Schreibens die Seelenthätigkeit übermäfsig in Anspruch nehmen, das normale Selbst für eine Zeit unter das Bewufstseinsniveau versinkt und das zweite Ich, von dem das Schreiben ausgeht, zur Herrschaft gelangt.

Über das Verhältnis des graphischen Automatismus zum Hypnotismus sind in unserem Komitee zahlreiche Versuche angestellt worden; es geht aus ihnen zur Evidenz hervor, dafs Eindrücke der Hypnose auch während des wachen Lebens keineswegs verschwunden sind. Der Leser erinnert sich des S. 18 berichteten Experimentes. Ich habe es absichtlich oben nicht ganz vollständig erzählt, weil der ausgelassene Teil erst in diesem Zusammenhang verständlich wird. Als nämlich D...r erklärt hatte, dafs er nichts von dem Händeklatschen wisse, gaben wir ihm ein Blei in die Hand, mit dem Bemerken, die Hand würde schon von selbst schreiben, wie oft Herr DESSOIR geklatscht habe. D...r lächelte ungläubig, fuhr in der Unterhaltung fort und bemerkte nicht, dafs das Blei in langsamen Zügen „15 Mal" schrieb; ja, er wollte nachher nicht zugeben, dafs er das geschrieben haben könne. — Mittels dieses Hilfsmittels haben wir fast ausnahmlos [1]) die Erinnerung an intrahypnotische und posthypnotische Suggestionen wecken können: die Hand weifs ganz genau, was während des Schlafes vorgegangen ist oder was bei einem bestimmten Signal geschehen soll. Wenn einer der Anwesenden durch nachwirkende Eingebung für das Sujet verschwunden ist, so schreibt die Hand ganz richtig alle Worte des scheinbar nicht Vorhandenen auf. Jede negative Halluzination beruht darauf, dafs die Perzeptionen blofs bis in die untere Schicht des Bewufstseins dringen und deshalb nicht in die Erscheinung treten; so erklärt sich auch LIÉGEOIS', von uns bestätigte, Beobachtung, dafs etwaige Suggestionen des Fortsuggerierten von der Versuchsperson ohne ihr Wissen aufgenommen und automatisch ausgeführt werden.

Alles das spricht m. E. für die Lehre vom Doppel-Ich. Aber ehe ich die Beweisführung beende, mufs ich den Leser von dem geraden Weg, den wir bisher verfolgt, auf einen Seitenpfad führen; wir dürfen einer Theorie zuliebe nicht die Erscheinungen beiseite lassen, die sich nur schwer in unser Schema fügen wollen. Und gerade solche hat der Sonderausschufs dieser Gesellschaft genau zu untersuchen Gelegenheit gehabt, gerade an sie knüpft sich die Streitfrage: *duplex versus multiplex* in der Personalität. Ich bespreche also die Punkte, welche auf **mehrere** Bewufstseinssphären zu deuten scheinen.

Ein Hypnotisierter erhält den Befehl, mit zwei Feinden zu kämpfen. Der eine Feind wird durch ein Sofakissen, der andere durch eine der anwesenden Personen dargestellt. Fast stets wird

---

[1]) Ein Fehlversuch ist in dem Protokoll vom 5. Mai 1888 notiert. Ein umfassender Bericht über die Thätigkeit des Komitees wird gesondert von diesen vorläufigen Bemerkungen erscheinen, sobald an einigen neuen Sujets Kontrolexperimente angestellt sind.

das Sujet mit unbarmherziger Wut auf das Kissen losschlagen, aber den Herrn entweder gar nicht treffen oder sehr sanft behandeln, genau so, als ob ein dunkles Bewufstsein der wirklichen Umgebung sich geltend macht. — Von vier Spielkarten wird eine dem Hypnotisierten durch Suggestion unsichtbar gemacht, er nennt demgemäfs nur die drei übrigen. Jetzt wird ihm ein Blei in die Hand gedrückt, mit der Anweisung, alle Karten, die eben da gelegen hätten, aufzuschreiben: er fügt die vierte richtig hinzu. (Sitzung des Komitees vom 21. Mai 1888.) So enthüllt das automatische Schreiben eine unterhalb des hypnotischen Ich befindliche Bewufstseinsschicht, in der die Wahrnehmung geruht hatte. Auch Dinge, über die der Hypnotisierte nicht sprechen will, werden auf diese Weise verraten — „zwei Seelen wohnen, ach! in seiner Brust."

In derselben Art läfst sich der so häufig mifsverstandene »Rapport« erklären. Wir haben in unseren Untersuchungen zwei Stadien kennen gelernt, von denen das erste sich dadurch auszeichnet, dafs der Hypnotisierte die Äufserungen aller Anwesenden wahrnimmt, aber blofs auf die des Hypnotisten reagiert. Hier besteht der Rapport in der psychischen Auswahl des Einen, der Suggestionen mit Erfolg geben kann, und zur Erklärung genügt CARPENTERs dominierende Idee. In dem zweiten Grad existiert nur der Experimentator für das Sujet; das leiseste Wort aus seinem Munde wird gehört, während die anderen sich heiser schreien können, ohne dafs es ihnen etwas nützt. Auf eine bezügliche Frage antwortet die Versuchsperson mit gutem Gewissen, dafs sie nichts höre, woraus man fälschlicherweise auf einen Perzeptionsmangel geschlossen hat. Ebenso folgern die Ärzte mit Unrecht aus den betreffenden Aussagen der Hysterischen ihre Unempfindlichkeit; erst BINET (S. 10 ff.) hat die psychologisch unbrauchbare Methode der direkten Frage aufgegeben und damit eine wahrhafte Forschung ermöglicht. Handelt man in unserem Fall ähnlich, so entsteht der folgende, oft wiederholte Versuch. D...r erhält in der Hypnose die Suggestion, dafs nur die mit ihm sprechende Person im Zimmer und auch niemand im Nebenzimmer sei. Nun treten die sonstigen Teilnehmer der Sitzung leise herein und richten an D...r Fragen, die dieser nicht beantwortet, da er nur mit dem Suggestionisten in Rapport steht. Der letztere giebt alsdann dem Sujet Bleifeder und Papier in die Hand und befiehlt ihm, zu schreiben, wer ihn gefragt habe und was er gefragt worden sei; und während nun eine lebhafte Unterhaltung des Suggestionisten mit D...r beginnt, schreibt dieser automatisch die Namen der ihm dem Stimmklang nach kenntlichen Personen und den Inhalt ihrer Fragen nieder. Hierdurch scheint die Annahme gerechtfertigt, dafs wir es bei D...r im Zustand der Hypnose mit zwei Sphären seines Traumbewufstseins, einer unteren und einer oberen, zu thun haben, dafs das Perzeptionsvermögen der unteren Sphäre unaufhörlich neben der Funktion der oberen thätig ist, und dafs »Rapport« in diesem Fall nichts anderes heifst als: regelmäfsige Aufnahme gewisser Eindrücke in die obere Sphäre des Traumbewufstseins.

EDMUND GURNEY meint, gestützt auf eine Reihe scharfsinniger Untersuchungen, dafs sich in der tiefen Hypnose zwei Phasen beobachten liefsen, die durch vollkommene Trennung des Gedächtnisses von einander geschieden seien. Es ist uns zwar in dem Sonderausschufs nie gelungen, diesen Dualismus mit Sicherheit zu konstatieren, und Herr MOLL glaubt, dafs er durch unbeabsichtigte Dressur bei den englischen Versuchspersonen erzielt worden sei, aber ich kann in den recht sorgfältigen Protokollen keinerlei Fehlerquelle entdecken; Vorstellungen, die in dem einen Stadium mit aller Energie eingeprägt worden waren, konnten in dem anderen trotz der ausdauerndsten Bemühungen des Experimentators nicht zum Bewufstsein gebracht werden. GURNEY berichtet ferner von einem Traum mit zwei deutlich getrennten Erinnerungsgruppen. Und an dieser Stelle darf ich auch wohl die berühmte Geschichte des L.. V.. einschalten, über die CAMUSET, RIBOT, LEGRAND DU SAULLE, BOURRU-BUROT, P. RICHER, J. VOISIN und A. T. MYERS ausführlich gehandelt haben. Die Persönlichkeit dieses seltenen Menschen erscheint nämlich in sechs Stücke zerbrochen, welche in physischer wie moralischer Hinsicht kaum etwas mit einander zu schaffen haben. Eine Zurückführung auf zwei Hauptzustände will nicht gut glücken. Es ist wahr, der Kranke hat im normalen Zustand keine Erinnerung an den sekundären und gleicht in dieser Beziehung der Félida X..., aber in der zweiten Periode des sekundären Zustandes (Januar, April 1884) weifs er nichts von der ersten, von seinem Aufenthalt in Bonneval (1880), so dafs zum mindesten drei Grundformen übrig blieben.

Eine unerschöpfliche Fundgrube für die Lehre von der Vielfältigkeit des Ich bieten PIERRE JANETs tiefgründige Forschungen. — Eine Hypnotische L... kommt nach mehreren Sitzungen in ein Stadium von *inconscience des suggestions*, d. h. sie führt die Befehle automatisch aus und behauptet, dieselben nicht gehört zu haben, obwohl sie sonst dem Operator nach wie vor Rede und Antwort steht. Als auch das aufhört, verfällt Herr JANET auf das treffliche Auskunftsmittel des automatischen Schreibens und es entspinnt sich zwischen ihm und der Hand der folgende Dialog: Hören Sie mich? — Nein. — Aber um zu antworten, mufs man hören! — Sicherlich. — Nun, wie machen Sie es denn? — Ich weifs nicht. — Ja, irgend wer mufs mich doch verstehen. — Ja. — Wer ist das? — Jemand anderes als L... — Schön! eine andere Person; wollen wir sie Blanche nennen? — Ja, Blanche. — Also, Blanche, hören Sie mich? — Jawohl. — Der Name Blanche wird später aus nebensächlichen Gründen mit Adrienne vertauscht, und die Patientin allmählich mit Hilfe dieser geheimnisvollen Persönlichkeit von ihren Kopfschmerzen, Zuckungen, hysterogenen Zonen u. s. w. befreit. So nimmt das

Leiden von Tag zu Tag ab, aber, zu JANETs gröfster Verwunderung, gleichzeitig auch der hypnotische Schlaf. Eines schönen Tages, als das Stichwort Adrienne fällt, fragt die L... unter lautem Lachen, wer denn eigentlich gemeint sei, und bald darauf schwindet die Empfänglichkeit so, dafs überhaupt keine Hypnose mehr zu erzielen ist. — Adrienne hatte gelebt.

Bei Frau Léonie B... und einigen anderen Versuchspersonen besteht selbst im Somnambulismus Amnesie für die Zerstreutheitshandlungen und die mit anästhetischen Körperteilen ausgeführten Bewegungen des wachen Lebens, während man auf Grund des Prinzips vom Doppel-Ich das Gegenteil annehmen sollte. Ferner existieren in der Hypnose automatische, nicht bemerkte Handlungen. Herr JANET stellt nun fest, dafs die letzteren genau derselben Natur sind, wie die im künstlichen Schlaf nicht erinnerten Akte des normalen Lebens, und dafs zwischen diesen beiden Klassen ein Gedächtniszusammenhang obwaltet. Es scheint also, dafs wir es mit einer neuen Synthese von Phänomenen zu thun haben, mit einer dritten psychischen Existenz, die ebenso unter der hypnotischen Persönlichkeit lagert wie diese unter der normalen. Giebt es nun einen der Hypnose analogen Zustand für diese dritte Reihe von Akten? Kann man nicht den ganzen Körper der Intelligenz unterwerfen, welche das automatische Schreiben des Somnambulen leitet? Wahrscheinlich wird hier dasselbe Mittel helfen, das die unbewufsten Handlungen des Wachens zur Selbständigkeit erhob, nämlich die Herbeiführung eines magnetischen Zustandes; Herr JANET versucht also — ebenso wie wir und viele vor uns es gethan — das somnambule Bewufstsein dadurch zum Schwinden zu bringen, dafs auf die bestehende Hypnose eine zweite aufgesetzt wird. Auch Léontine, das zweite Ich der Frau B..., wird als selbständige Person behandelt und genau so hypnotisiert, wie es bei Léonie geschah: alsdann entsteht eine dritte Persönlichkeit Léonore. Aus der umfangreichen Symptomatologie dieser Léonore seien nur einige wenige Punkte hervorgehoben. 1. Das Sujet im dritten Zustand erinnert sich alles dessen, was es in den früheren Perioden desselben Zustandes gethan und erfahren hat. 2. Léonore erinnert sich leicht an die Erlebnisse des wachen Zustandes, aber sie unterscheidet sich scharf von der Léonie. „Die andere, B...", sagt sie, „hat das gethan; ich weifs, dafs sie es gemacht hat, ich habe es gesehn." 3. Sie erinnert sich aller Vorkommnisse der gewöhnlichen Hypnose, aber sträubt sich dagegen, mit Léontine verwechselt zu werden. „Sie sehen sehr gut, dafs ich nicht diese Schwätzerin, diese Närrin bin.... Die Arme hat sich von Ihnen einreden lassen, sie wäre eine Prinzessin [1]), du lieber Himmel!.... Nein, wir ähneln uns gar nicht." Léonore weifs auch

---

[1]) Es handelt sich um eine *objectivation des types* durch Suggestion in der gewöhnlichen Hypnose.

von allen Bewegungen, welche Léontine in der Zerstreutheit oder mit anästhetischen Körperteilen ausgeführt und deshalb nicht bemerkt hat, aber bei ihr selbst lassen sich keine unbewußten Handlungen erzeugen. Das Erwecken gelingt nur gradweise, aus Léonore wird Léontine, aus Léontine Léonie. Dieselbe Erscheinung haben französische Forscher bei dem sogenannten spontanen Ablauf der Persönlichkeitsveränderungen und wir bei dem Rapportwechsel beobachtet.

Ein Rückblick auf den Inhalt dieses Abschnittes nötigt uns zunächst zu einer Beurteilung der soeben mitgeteilten Thatsachen. — Mir scheint, daß sie einen mehr exceptionellen Charakter tragen als die früher besprochenen. Ich habe mich bis jetzt nicht davon überzeugen können, daß eine Unterhypnose auch nur annähernd so häufig zu erzielen ist wie die gewöhnliche Hypnose. Während für das Doppelbewußtsein im wachen Leben, im Traum und in abnormen Zuständen eines jeden Menschen Beispiele in Fülle sich finden, treten für eine Vielfachheit des Ich sehr wenige Beobachter in die Schranken. Denn mit einer Dreiheit würden wir nicht wohl auskommen. Wenn es bei einem andern Sujet als bei Frau B... gelingen sollte, auch im Léonore-Stadium unbemerkte intelligente Handlungen auszulösen, so würden wir wieder auf eine tiefere Lage des Bewußtseins stoßen und sofort *in infinitum*. Schließlich gäbe das eine Art Zwiebeltheorie der Seelenstruktur. Indessen die Thatsachen bleiben und lassen sich nicht mit der bequemen Berufung auf die Suggestion aus dem Felde schlagen; nur die geduldigste psychologische Analysis wird hier vielleicht zum Ziele führen. Bei dem jetzigen Stand unserer Kenntnisse halte ich es freilich für angezeigt, die Frage in der Schwebe zu lassen und sich vorläufig mit dem Hinweis zu begnügen, daß in einzelnen Fällen eine weitere Spaltung des sekundären Ichs festgestellt worden ist. Daß eine tiefere Bewußtseinsschicht als die hypnotische sich künstlich erzeugen läßt, beweisen die allgemein anerkannten negativen Halluzinationen des Hypnotisierten; zur Bildung einer neuen Persönlichkeit gehört jedoch noch eine dritte Erinnerungskette, die eben selten vorhanden zu sein scheint.

Dagegen darf von jeder typischen Hypnose behauptet werden, daß sie alle Lebensbedingungen eines zweiten Ichs enthält. Und von diesem zweiten Ich erfahren wir durch das automatische Schreiben, daß es fortwährend thätig ist, ja wir sehen es bei der Ausführung von posthypnotischen Suggestionen mit dem Wachbewußtsein um den Vorrang kämpfen. Da ferner erfahrungsgemäß aus einer Häufung automatischer Handlungen hypnotische Zustände sich entwickeln, so erscheint eine Gleichsetzung des Unterbewußtseins mit dem hypnotischen Ich im Prinzip gerechtfertigt.

IV.

Es bleibt das schönste Vorrecht altbegründeter Wissenschaften, dafs sie über ein stattliches Erbgut sicherer Thatsachen verfügen. Die junge Experimental-Psychologie kann sich nicht des gleichen Vorzugs rühmen: ihr Material an unanfechtbaren Thatsachen ist winzig klein, einem dünnen Stämmchen ähnlich, an dem edler Epheu und schädliche Schlingpflanzen emporzuranken streben. Der sorgsame Gärtner wird darauf bedacht sein, diese zu entfernen; aber den Epheu läfst er weiter grünen, weil er das Bäumchen nicht am Wachsen hindert.

Nun wohl, zu allen Zeiten haben sich wissenschaftliche Theorien an den festen Mittelpunkt der Facta angeschlossen. Manche haben hemmend, manche fördernd gewirkt. Zu welcher Klasse die folgenden Erwägungen gehören, mufs die Zukunft lehren.

Aus einem Rückblick auf die drei ersten Abschnitte dieser Arbeit ergiebt sich fast von selbst eine Definition des Hypnotismus, die von DELEUZE geahnt, von JANET und MYERS angedeutet worden ist. Sie hat ihren Herzpunkt in der behaupteten Bildung einer zweiten Gedächtniskette und trägt einen rein psychologischen Charakter. **Die Hypnose besteht in einem künstlich herbeigeführten Übergewicht des sekundären Ich.** Es käme also bei allen Hypnotisierungsmethoden wesentlich darauf an, das Unterbewufstsein zu wecken, planmäfsig und künstlich das zu thun, was im Leben des gesunden und des kranken Menschen die Natur uns in den ersten Ansätzen und in der höchsten Ausbildung zeigt. Dafs und wie unsere empirischen Mafsnahmen es zu stande bringen, kann hier nicht im einzelnen ausgeführt werden. — An zweiter Stelle wäre nachzuweisen, dafs dem in uns schlummernden sekundären Ich jene Eigenschaften zugehören, welche von den früheren psychologischen Theorien übereinstimmend an der Hypnose hervorgehoben wurden. Es sind nicht eben viele Kennzeichen, denn die meisten Definitionen laufen trotz des verschiedenen Wortlautes auf dasselbe hinaus. Ob man von *silence d'idées* (RICHET) oder Aïdeismus (OCHOROWICZ) spricht, bleibt sich gleich; es handelt sich um das, was in dem Programm unserer Gesellschaft als Unabhängigkeit von der Kontrole des bewufsten Willens bezeichnet wurde. Automatismus, psychischer Reflexzustand, Zustand konzentrierter Aufmerksamkeit oder erhöhter Suggestibilität besagen Ähnliches. Hebt man die positive Seite hervor, so konstatiert man bei dem Somnambulen Unversehrtheit der meisten psychischen Fähigkeiten, kindliche Gläubigkeit und die Neigung, alles ins Sinnliche zu wandeln; rückt man die negative Seite in den Vordergrund, so erscheint die aktive

Aufmerksamkeit verändert und die willkürliche Erzeugung von Hemmungsvorstellungen erschwert. Die positiven Merkmale könnten als die Faktoren des Unterbewufstseins, die negativen als die charakteristischsten Teile des gleichsam abgetragenen Oberbewufstseins bezeichnet werden.

Ich gehe jetzt diesem Zusammenhang etwas näher nach. — Wenn ich mir einen recht typischen Fall von Somnambulismus [1]) vergegenwärtige, so steht mir sogleich die Lebhaftigkeit vor Augen, mit der die eingepflanzten Ideen ergriffen und in sinnliche Gefühle und Empfindungen umgesetzt werden, ganz abgesehen von der Schnelligkeit, mit der die Suggestionen aufgenommen werden. Und wenn ich dann Analogien aus dem gewöhnlichen Leben aufsuche, so glaube ich dieselben vor allem im Seelenleben des Kindes zu finden, das dem Naturmenschen ähnlich im traumhaften Dasein hindämmert, unkontroliert die Befehle der Mutter aufnimmt und alles Abstrakte mit dem Schein des Konkreten umkleidet. BERNHEIM drückt das in seiner Weise so aus, dafs er die hohe Suggestibilität und die entsprechend leichte Hypnotisierbarkeit der Kinder betont. Aber die Vergleichung reicht weiter. Eine der Versuchspersonen des Herrn JANET, N..., welche nach dem Einschlafen nichts von ihrer Persönlichkeit weifs, will Nichette genannt werden; wie sich später herausstellt, wurde sie so als kleines Kind gerufen. Dr. GIBERT berichtet von einer dreifsigjährigen Frau, die, zum erstenmal hypnotisiert, von sich selbst als von der kleinen Lili sprach: Lili war ihr Kosename in der ersten Jugend gewesen. Es scheint also bei ihr ein Bewufstsein von einer Herabminderung ins Kindliche, Unentwickelte vorhanden gewesen zu sein. — Ich erinnere ferner an den Vorfall mit der Schürze bei Frau B... Léontine lehnte es ab, Léonies Zuknüpfen als eine vollgültige Erfüllung ihrer eigenen Absicht gelten zu lassen und nahm das Manöver noch einmal vor. Ebenso führt das Kind einen autoritativ gegebenen Befehl aus, ohne viel daran zu denken, ob nicht durch einen Zwischenfall der Auftrag hinfällig geworden sein könnte, und die erwiesenermafsen starke hypnotische Empfänglichkeit von Leuten, die an soldatischen Gehorsam gewöhnt sind, mag auf einer ähnlichen Verbindung beruhen. Der Umstand endlich, dafs einzig und allein der Experimentator den von ihm gegebenen Auftrag rückgängig machen kann, mahnt gleichfalls an die Art des Kindes, dem das »Mama hat's gesagt« einen festen Halt wider alle Anfechtung bildet. Dafs der Gegenbefehl des Hypnotisten an das sekundäre Selbst gerichtet werden mufs, an dasselbe

---

[1]) Unter „Somnambulismus", „Hypnose" u. dgl. ist im Folgenden nie ein lethargischer oder kataleptischer Zustand verstanden, sondern ein solcher Somnambulismus, der sensible und motorische Veränderungen umfafst; über den Unterschied der beiden Gruppen habe ich im letzten Teil der *Proc. S. P. R.* gehandelt. Auch berücksichtige ich im Folgenden nur die tieferen Grade des Somnambulismus.

Unterbewufstsein, das den ersten Befehl empfangen, will ich beiläufig einschalten: es liegt ja auf der flachen Hand, weshalb eine posthypnotische Suggestion durch alles Zureden gegenüber dem wachen Sujet nicht vernichtet wird.

Die Bedeutung der berichteten Thatsachen für unsere Auffassung von dem Wesen der menschlichen Persönlichkeit ist schon des Öfteren hervorgehoben. Der Normalmensch ist aktuell ein Einfaches, potentiell ein Mehrfaches, da er in sich die Möglichkeit einer verschiedenen Gruppierung von Persönlichkeitselementen birgt. Diese Elemente lassen sich in zwei grofse Klassen scheiden. Den triebkräftigen Mutterboden unseres Innenlebens bildet eine Seelenregion, die uns dem Naturmenschen und dem Kinde mit ihrer Beeinflufsbarkeit und instinktmäfsigen Gefühlsart nähert; über ihr erhebt sich der erworbene Zusammenhang der Hemmungszentren als regulierender Apparat, dessen Wirksamkeit in allen jenen Zuständen versagt, die von der Norm des wachen Lebens abweichen. Sobald also durch irgend eine Ursache der Zusammenhalt zwischen Ober- und Unterbewufstsein sich lockert, sobald die zentralisierende Energie nachläfst, kann eine zweite Reihe von mnemonisch verbundenen psychischen Aktionen aus ihrem undinenhaften Dasein emportauchen, vermag ein zweites Ich sich zu selbständiger Existenz zu entfalten.

Dieser Dualismus darf nur als der unvollkommene schematische Ausdruck einer gröfseren Vielfältigkeit verstanden werden. Wie früher erwähnt, mufs vielleicht das sekundäre Selbst als ein zweifach zusammengesetztes aufgefafst und womöglich im Fortschritt der Experimente noch weiter zerlegt werden. Und auch dem normalen Ich kann man die Einheit abstreiten: alle physiologischen, toxikologischen und pathologischen Veränderungen des Organismus ziehen Schwankungen der Persönlichkeit nach sich, jeder Wechsel der Umgebung, jeder Zeitraum von fünf oder zehn Jahren führt zu einer Umgestaltung des Individuums[1]). Es entstehen sozusagen Teil-Ichs, die nichts von einander wissen, deren Verschmelzung aber gerade ein Hauptzweck der Erziehung und die schwerste Aufgabe der Selbstbeherrschung ist. So bleibt als letzter Einheitspunkt, von dem wir — nach erkenntnistheoretischem Vorbehalt — mit Sicherheit wissen, das körperliche Substrat, und wenn das seelische Ich als Bewufstseinsausdruck der Einheit des Organismus gefafst wird, so wird seine Veränderlichkeit begreiflich. Die physiologischen Bedingungen erscheinen als das Wesentliche, die psychologischen als Vervollkommnung in Form einer Begleiterscheinung, aber bei allem dem bleibt die Zusammenfassung des psychophysischen Parallelismus zur Lebenseinheit der Rätsel dunkelstes.

---

[1]) Ich habe diese Erscheinung an anderer Stelle als den »Persönlichkeitswechsel« beschrieben.

Hiergegen wendet sich die spekulative Philosophie mit ihrer Lehre von der metaphysischen Wesenheit der Seele. Nun ist es an sich gewifs denkbar, dafs hinter den Spaltungen des Ichs eine Einheit unkörperlicher Art sich verbirgt, die unser irdisches Dasein überdauernd als die wahre Persönlichkeit des Einzelmenschen betrachtet werden mufs, und es wäre im Grunde gleichgültig, ob diese Seele eine, zwei oder mehr Masken für ihre irdische Laufbahn sich wählt. Ja, die Lehre von der Dreiheit in Einem, von der Teilung des Menschen in Körper, Geist, Seele könnte mit Leichtigkeit anknüpfen. Indessen scheint es eine unauflösliche Schwierigkeit, der denkenden Substanz halbbewufste und unbewufste Zustände beizulegen, und die von DU PREL vorgeschlagene Trennung eines transcendentalen Subjektes von dem empirischen besitzt wohl kaum einen höheren Wert, als den einer aus metaphysischem Glaubensbedürfnis entsprungenen Interpretation gewisser Thatsachen. Freilich ist die bewufste Personalität nicht der vollgültige Ausdruck dessen, was in uns vorgeht, gleichwie der Bewufstseinsumfang nicht der Summe der Nerventhätigkeit entspricht — aber nichts weist mit eindeutiger Bestimmtheit auf ein transcendentales Ich; im Gegenteil, die Thatsache der ausnahmlosen Coexistenz von Nervenschwingung und psychischer Thätigkeit bereitet der Lehre erhebliche Schwierigkeiten. Übrigens gehören dergleichen Spekulationen in eine Philosophie der Psychologie, nicht in diese Erfahrungswissenschaft selbst. Noch eins. Wenn wir demgemäfs die zunächst rein philosophische Konstruktion einer Seele beiseite lassen, ohne über ihren Wert ein Urteil zu wagen, so bleiben wir doch dem Vorwurf ausgesetzt, dafs die Hypothese des Doppel-Ichs nach höheren Gesichtspunkten verworfen werden müsse, weil sie der Würde der Menschennatur nicht gerecht werde. Diese antiwissenschaftliche Methode weist LEWES sehr treffend zurück: „sie stigmatisiert," sagt er, „jede Opposition als falsch unter dem Vorwande, dafs sie herabwürdigend sei, und nicht etwa als herabwürdigend, weil sie falsch ist."

Auch die Krankheitsahnungen des Träumers und die Selbst-Heilverordnungen der Somnambulen lassen sich mittels des Doppelbewufstseins ebenso gut wie durch ein organisierendes Seelenprinzip erklären. ARMAND DE VILLENEUVE träumt, er werde von einem Hund am Beine gebissen; wenige Tage später bricht an dem Bein ein schmerzhaftes Geschwür aus. MACARIO, im Schlaf von Halsweh gequält, wacht ganz gesund auf, wird aber ein paar Stunden darauf von heftiger Mandelentzündung befallen. In solchen immerhin seltenen Fällen handelt es sich um Empfindungen des Unterbewufstseins, welche aus der Tiefe des Organismus zu den Nervenzentren emporgestiegen und nur bis zu der niederen Sphäre des Bewufstseins gelangt sind; sobald diese im Traum frei wird, verwebt sie solche Eindrücke in ihr buntes Farbenspiel und läfst sie manchmal als ein Warnungszeichen in die Erinnerung des Erwachten hinübergleiten. Denn da das sekundäre Selbst im innigsten Zusammenhang mit dem Körper steht, beispielsweise selbst die unscheinbarsten Bewegungen registriert, so besitzt es auch einen tieferen Einblick in die organischen Prozesse.

Vielleicht verfügt es sogar über die bisher nur von wenigen Forschern anerkannten Fähigkeiten der Fernsinnigkeit und Fernwirkung. Bei den Versuchen der Gedankenübertragung kann man beobachten, daſs der Empfänger sich manchmal des Eindrucks gar nicht bewuſst wird, sondern ihn automatisch durch Zeichnung oder Worte wiedergiebt, und bei einzelnen Individuen ist die Steigerung der Empfänglichkeit durch Einführung einer Hypnose oder eines hypnoïden Zustandes unzweifelhaft. Es läſst sich ferner die von französischen Gelehrten festgestellte fernwirkende Erzeugung des künstlichen Schlafes am leichtesten so erklären, daſs man dem Unterbewuſstsein eine weittragende Perzeptionskraft und die Fähigkeit zuschreibt, den telepathisch aufgenommenen Keim genau so sich entwickeln zu lassen wie einen durch Sinnesvermittelung erhaltenen. Die *suggestion mentale* würde sich von der *suggestion verbale* nur in ihrem ersten Teil, nur in dem Ansatz unterscheiden. — Aber ohne auf weitere Folgerungen einzugehen, möchte ich ausdrücklich darauf hinweisen, daſs die Telepathie augenblicklich doch noch ganz den Charakter einer h y p o t h e t i s c h e n Auslegung verschiedener Phänomene trägt. Bei der Beurteilung der Erfolge haben wir bisher immer einen Faktor übersehen, der von der amerikanischen Schwestergesellschaft mit vielem Scharfsinn untersucht worden ist, nämlich den sogenannten *number-habit*. Angenommen, es solle die Übertragung von Zahlen versucht werden, so wird eine Person gebeten, an beliebige Zahlen zu denken; dieser »Urheber« glaubt, daſs er ganz zufällig in seiner Auswahl verfahre und setzt das in der Anwendung der Wahrscheinlichkeitsrechnung auf die Prüfung der Ergebnisse gleichfalls voraus. Die neueren Forschungen haben jedoch nachgewiesen, daſs erstens bei jedem Individuum gewisse Ziffern periodisch wiederkehren und daſs zweitens eine ähnliche Gleich- und Gesetzmäſsigkeit bei Tausenden von Menschen obwaltet. Unsere Gesellschaft hat soeben eine statistische Erhebung in derselben Richtung begonnen, über deren Resultate baldmöglichst Bericht erstattet werden soll, aber selbst in kleinem Kreise kann man sich von der Richtigkeit der Beobachtung leicht überzeugen. Ich glaube, daſs wir mit dieser Assoziationsconcordanz einem wichtigen psychologischen Grundgesetz auf der Spur sind. Es wird uns leichter die häufigen Übereinstimmungen zwischen den Gedanken zweier Personen erklären als die hierbei ziemlich haltlose Annahme einer übersinnlichen Gedankenübertragung; es äuſsert sich auffallender bei Leuten, die lange zusammen leben oder sich in ihrem Wesen ähneln, und es tritt am greifbarsten hervor bei den Zwillingen. In GALTONs bezüglichen Berichten besitzt die Psychologie schier unerschöpfliche Minen. Von zwei Zwillingen, die zu gleicher Zeit Zähne bekommen, Sprechen und Gehen gelernt hatten, die sich immerwährend auf den gleichen Worten und Thaten ertappten, erzählt GALTON die folgende gut beglaubigte Anekdote. A, zufällig in einer schottischen Stadt befindlich, kauft dort ein Service von Champagner-Gläsern, das seine Aufmerksamkeit gefesselt, um damit seinem Bruder B eine Überraschung zu bereiten. Und an demselben Tage kauft B in England ein ähnliches Service des gleichen Musters, um A zu überraschen. Vielleicht bedeuten solche Fälle nur eine durch Identität der Organisation bedingte, gewissermafsen pathologische Übertreibung der Assoziationsconcordanz.

Doch bleiben nach solchen Abstrichen immer noch genug Vorkommnisse telepathischer Natur sowohl in den Experimenten wie in den spontanen Fällen übrig, und für sie würde die Hypothese des Doppelbewufstseins von Nutzen sein. Indessen will ich jetzt nicht näher auf die Beziehungen zu Philosophie und Occultismus eingehen, sondern in Kürze das Verhältnis zur Physiologie besprechen.

Entspricht der Zweiheit unseres Ichs ein Dualismus im Gehirn? Auf diese Frage würden manche Forscher mit Ja zu antworten geneigt sein. EDGAR BÉRILLONs These *„Sur la dualité cérébrale ou l'indépendance fonctionelle des deux hémisphères cérébraux"* stützt sich auf hypnotistische Studien und wird von DUMONTPALLIER erweitert durch Beobachtungen über die zweiseitigen Suggestionen von verschiedenem Charakter, welche zu gleicher Zeit von der Versuchsperson aufgenommen und in dem Gesichtsausdruck wiedergespiegelt werden. Zahlreiche andere Erfahrungen bewegen sich in derselben Linie, und auf diesem Wege gelangt man schliefslich zu einer sehr bequemen Erklärung der doppelten Persönlichkeit. Man weist die funktionelle Unabhängigkeit der beiden Gehirnhemisphären nach und schliefst daraus, dafs ihre Harmonie einen glücklichen Zusammenklang der beiden Ichs im Kopfe jedes Menschen ermögliche, dafs ihre Disharmonie sonach die Spaltung dieser Ichs bedeute; man lokalisiert die verschiedensten Fähigkeiten bald nach links, bald nach rechts und man schiebt selbst jede Schwankung bei Entschlüssen, jeden Kampf zwischen verschiedenen Trieben dem Gehirndualismus in die Schuhe. Schon GRIESINGER hat mit Recht gegen solchen wüsten Physiologenunfug Einspruch erhoben. Zwar, die relative Unabhängigkeit der beiden Hemisphären unterliegt keinem Zweifel und der Zusammenhang ihrer Gestörtheit mit psychischen Störungen ist sicher, aber alles auf eine einfache Trennung zwischen rechter und linker Seite zurückführen, das heifst die kurzbeinige Verallgemeinerungssucht auf die Spitze treiben.

Viel feiner ist die physiologische Grundlegung LOTZEs. Er meint, dafs die Erweiterung der abwechselnden gewöhnlichen und ungewöhnlichen, wachen und traumähnlichen Zustände unserer Seele zu einer doppelten Personalität auf die regelmäfsige Wiederkehr derselben äufseren Reize zurückzuführen sei, denn diese bedingten einen nicht durchschaubaren, aber sich gleichbleibenden physiologischen Zusammenhang. Gewifs, wenn das »Ich« in jedem Augenblick nur die Summe der auf Nervenvorgängen ruhenden Bewufstseinszustände bedeutet, dann wird jedesmal, sobald derselbe körperliche Komplex sich wieder einstellt, dieselbe psychische Thätigkeit, dieselbe Assoziationsrichtung, dieselbe Erinnerungskette — mit einem Wort, dasselbe Ich wieder auftreten. Nun führt die ganze Theorie, wie hier nicht näher nachgewiesen werden kann, auf jenen physiologischen Grundsatz zurück, dafs der Reflex der Typus der Nerventhätigkeit und die Basis aller psychischen Prozesse sei. Nimmt man sonach für die gewöhnlichen Seelenzustände eine natürlichere Reflexfreiheit in Anspruch, so würde man das in ihnen erhöht wirksame Unterbewufstsein durch eine Verringerung derjenigen inneren Arbeit erklären, die zwischen Empfindung und Bewegung liegt. (Vgl. S. 28.) Während im normalen Leben jeder Reiz durch eine Fülle von entgegenstehenden anderen Reizen und Erinnerungen daran verhindert wird, eine unbeschränkte Herrschaft zu ergreifen, fällt diese Hemmung in allen Ausnahmszuständen mehr oder weniger vollständig fort. Einzig durch eine solche Fortführung des LOTZE'schen Gedankenganges wird er auf das Zusammensein zweier Ichs anwendbar, anstatt auf ihr successives Auftreten beschränkt zu bleiben.

Was ferner die Einordnung des Doppelbewufstseins in die heutige allgemeine Physiologie des Bewufstseins betrifft, so läfst sich bei dem niedrigen Stand unserer Kenntnis nur wenig sagen. — Ich nehme die Thatsache als bewiesen an, dafs die höheren Hirnzentren unbewufst arbeiten können, d. h. dafs einzelne ihrer Funktionen unterhalb der Schwelle verharren, obwohl ein Mann wie LEWES die Anwesenheit des Bewufstseins für alle Nervenakte, den einfachen Spinalreflex nicht ausgenommen, behauptet. Es wäre dann die Möglichkeit denkbar, dafs Bewufstsein und relatives Unbewufstsein bis in die Hirnrindensubstanz hinein coexistieren. Auch HERZENS Bewufstseinsgesetz würde für diese Annahme sprechen. Die physische Parallele[1]) des Bewufstseins beruht nämlich, dem Schweizer Gelehrten zufolge, auf dem biologischen Gesetz, welches auch für das Nervengewebe gilt, dafs die Thätigkeit eines Gewebes durch seine Zersetzung und die unmittelbar darauf folgende Regeneration bedingt wird. Die Funktion der nervösen Elemente beruht somit, als Bewufstsein aufgefafst, auf deren Zerstörung, die Intensität des Bewufstseins auf der Intensität der Zerstörung, und steht in

---

[1]) Herr HERZEN nennt es Basis, er läfst also das Psychische aus dem Physischen, die Empfindung aus der Molekularbewegung hervorgehen. Erwiesen ist aber bisher dieser Kausalzusammenhang nicht, sondern nur ein untrennbares Nebenhergehen; ich bitte daher das oft verwandte Wort »Begleiterscheinung« recht scharf zu fassen und zu beachten, dafs ich für dieselbe Sache erst eine physiologische und dann eine parallele psychologische Darstellung gebe.

umgekehrtem Verhältnis zu der Leichtigkeit und Schnelle, mit welcher die innere Arbeit eines Nervenelementes auf ein anderes Nervenelement übertragen wird. — Es könnte also, je nach der Stärke der überall thätigen Nervenzersetzung derselbe Vorgang bewufst werden oder nicht. Trotzdem glaube ich mit EDUARD VON HARTMANN, dafs es eine schlechthin unbewufste psychische Thätigkeit giebt. Ob gerade HARTMANNs aus der Bewegung abgeleitete Beweise für die Existenz nichtbewufster Vorstellungen der zugehörigen zentralen Nervenendigungen stichhaltig sind, erscheint zweifelhaft, aber beispielsweise WERNICKEs neueste Untersuchungen über Aphasie haben zur Evidenz gelehrt, dafs bei jedem Hören, Sprechen, Lesen, Schreiben eine verwickelte seelische Arbeit beteiligt ist, die uns niemals zum Bewufstsein gelangt. Wir erhielten sonach die Stufenleiter: Unbewufstes, Unterbewufstes (relativ Bewufstes, Traumbewufstes, Halbbewufstes), Oberbewufstes (Vollbewufstes, Bewufstes schlechthin).[1]) Und von dem Unterbewufstsein hat EDUARD VON HARTMANN schon vor zwölf Jahren den schönen Ausspruch gethan, der als Motto dieses Versuches gelten könnte: „Das relativ Unbewufste ist es, dessen Studium zunächst not thut, um alle Rätsel des psychischen und organischen Lebens zu lösen; denn in ihm liegt der ganze Reichtum derselben beschlossen." —

Eine mehr biologische als physiologische Betrachtung kann uns die Zerlegbarkeit des inneren Menschen noch etwas durchsichtiger machen, sobald sie nicht bis in das dunkle Reich der Psychogenesis hinabsteigt. — Verfolgt man die Stufenleiter der Tiere in absteigender Bewegung, so sieht man die gegenseitige Abhängigkeit der Nervenzentra und ihre Unterordnung unter das Hirnzentrum immer lockerer werden. Tiere ohne Hirnlappen führen in vielen Fällen intelligente und willkürliche Bewegungen aus, deren Bewufstsein[2]) wir in das Rückenmark verlegen, und bei Tieren, die keine Hirnzentren besitzen, wie der Amphioxus, kann man mit Recht von einer Rückenmarksseele reden. VULPIANs Experimente an den Anneliden und dem Polyophthalmus zeigen, dafs das Totaltier aus mehreren Elementartieren, Ich-Segmenten, gebildet ist, die sich in einer Reihe, eins hinter dem andern befinden, eine Entdeckung, welche dahin führen kann, das Rückenmark des Menschen als eine Summe rudimentärer Gehirne anzusehen und die Ganglien des sympathischen Nervensystems als ein Netzwerk von noch unvollkommeneren. (LANDRY, H. TAINE.) Wenn sonach die Vervollkommnung der tierischen Organisation darin besteht, dafs sich aus einer ursprünglichen Gruppen-Vielheit in zahlreichen Abstufungen der Zustand des Individuums ($\dot{\alpha}\tau o\mu o\varsigma$) entwickelt, so können wir die niederen Nervenzentra beim Menschen als Reste früherer Bewufstseinssysteme

---

[1]) Dieselbe Dreiteilung verwertet Herr VON HARTMANN zur Erklärung des künstlerischen Schaffens. Vgl. Ästhetik, II, 569 ff. Leipzig, 1888.

[2]) Oder richtiger: die dem psychologisch so genannten Bewufstsein entsprechende Nerventhätigkeit.

auffassen. Nun ist in ihnen thatsächlich nur noch sehr wenig Vollbewufstes vorhanden und es scheint daher, dafs die Vortrefflichkeit des Mechanismus gleichbedeutend mit Automatismus ist. Hält man die Erfahrungsthatsache daneben, dafs jede psychische Thätigkeit mit zunehmender Ausbildung an Bewufstheit verliert — das Lesen vom Buchstabieren an bis zum Überfliegen der Sätze; der Klavierspieler —, so wird man »Bewufstsein« als den subjektiven Ausdruck der Erwerbungsarbeit unserer Seele betrachten, als die Begleiterscheinung einer unvollkommenen Verbindung von Nervenbahnen oder, rein psychologisch ausgedrückt, als den Mangel an Gewohnheit. Der billige Einwurf gegen die Aufstellungen des ersten Abschnittes, dafs es sich bei den automatischen Bewegungen blofs um gewohnheitsmäfsige Akte handele, wird hierdurch auf sein richtiges Mafs reduziert. Auf der anderen Seite besitzt übrigens die fortdauernde Mechanisierung ursprünglicher Willenshandlungen auch ihr Gutes. Sie entlastet nicht nur das Bewufstsein von der Lenkung einer Masse untergeordneter Lebensverrichtungen, sondern sie entbindet zugleich die höchsten Leistungen der Seelenthätigkeit.[1])

Was folgt? Die Entwickelung des Seelenlebens durch die Klassen der Geschöpfe hindurch geht den Weg von der Republik zur Monarchie. Zu unterst eine Fülle von gleichgeordneten Mittelpunkten. Die Ausbildung der einzelnen läfst sie zu automatischen Mechanismen herabsinken, deren Verrichtung keiner intellektuellen Arbeit bedarf. Allmählich scharen sich immer mehr unter Ein Oberhaupt und beim Menschen giebt es schon eine ziemliche Summe von nervösen und psychischen Vorgängen, die sich schlechterdings ohne Bewufstsein vollziehen, weil sie in einer jahrtausendelangen Vergangenheit geübt worden sind. Andere, erst bewufst, werden im Verlauf der individuellen Existenz der Kenntnis entzogen und können sowohl durch den Willen — ich kann jederzeit buchstabierend lesen — als auch durch die künstliche Freimachung dieser unteren Schicht — in Bewegungen, besonders der Schrift, oder in Hypnose — aus dem Schlummer des Halbbewufstseins zu neuem Leben erweckt werden. Die bewufste Seelenthätigkeit trägt, physiologisch genommen, den Charakter der Unvollkommenheit, Mühseligkeit und zeichnet sich durch die Masse der Hemmungen aus. Hier schlägt die vorletzte Betrachtung wieder ein.

Ich versuche nunmehr, die Untersuchung dadurch zu vertiefen, dafs ich sie von der psychologischen Seite anfasse. Wir müssen uns eben bald hier, bald dort tastend an dem Gegenstand zu orientieren streben.

Für die Lehre vom Gedächtnis würde sich aus der vorgetragenen Ansicht die scheinbar widersinnige Annahme ergeben, dafs nichts

---
[1]) Vgl. WUNDT in den Philos. Studien, V, 3, S. 378. Leipzig, 1889.

irgend einmal bewufst Gewesenes völlig verloren gehen könne. Und dennoch unterstützen zahlreiche andere Beobachtungen diese Vermutung; ich denke an die sattsam bekannten Fälle von Hypermnesie. Die verschwommensten Umstände unserer ersten Lebensjahre, die unbedeutendsten und von uns kaum beachteten Nebenumstände unserer Existenz leben bisweilen im Traum mit ungeheuerlicher Hypertrophie wieder auf. Es giebt kein normales Bild, mag es noch so alt, schwach und verborgen sein, das nicht wieder Kraft und Leben gewinnen könnte, gleichwie es kein noch so kleines, dem Zufall preisgegebenes Mohnkorn giebt, aus dem nicht eine Mohnpflanze erwachsen könnte. (TAINE.) Alte Leute pflegen ein wunderbares Gedächtnis für die winzigsten Vorfälle der Jugend zu entwickeln; Krankheiten können einen Sturm von sonst nie auftretenden Erinnerungen wecken; Personen in plötzlicher Todesgefahr sollen auf einmal ihre ganze Vergangenheit wie ein Panorama vor sich gesehen haben. Das beweist jedenfalls eine aufserordentliche Beharrlichkeit der Eindrücke, und wer hieraus die Unvertilgbarkeit aller, selbst der flüchtigsten Vorstellungen folgert, wäre schwer zu widerlegen, denn auch die Bilder, welche die Aufmerksamkeit nicht herauszuheben vermag, sind nach diesen Zeugnissen nicht ganz und gar verlöscht. Sie ruhen im Unterbewufstsein und gelangen auf allen Entstehungsstufen des sekundären Ichs zum Vorschein.

Halten wir nun an den beiden Resultaten fest, erstens, dafs dieses Traumbewufstsein sich durch Sinnfälligkeit und Beeinflufsbarkeit kennzeichnet (S. 27 ff.), zweitens, dafs es in seiner Entwickelung dem Wachbewufstsein vorauseilt ist (S. 35) und sozusagen die Vorratskammer für durchgearbeitete Vorstellungen bildet, so wäre nachzuweisen, dafs unser vollbewufstes Seelenleben auf einer reflexmäfsig arbeitenden Grundlage von halluzinatorischem Charakter ruht. Und zwar haben wir den Nachweis schon so weit geführt, dafs vornehmlich nur in Bezug auf die Halluzination eine Ergänzung erübrigt.

Einem gesunden, wachen Menschen wird gesagt: „Hinter Ihnen läuft eine Ratte." Er antwortet ruhig: „Bei mir im Hause giebt es keine Ratten" — das ist der höchste Grad der sogenannten Besonnenheit, der niedrigste Grad der psychischen Reflexthätigkeit. Ein Anderer dreht sich um, überzeugt sich aber schnell, dafs keine Ratte vorhanden, und verliert im Augenblick das kurz vorher aufgetauchte Bild des Tieres. Ein Dritter glaubt schon in jedem dunklen Fleck den Körper zu erblicken und bei Kindern und Naturmenschen kommt es gar häufig zu der Illusion, dafs sie einen anderen Gegenstand für den vorgespiegelten halten; steigt die Suggestibilität, so entsteht eine wirkliche Halluzination. Dies ist der natürlichere Zustand einer durch keine Überlegungen gehemmten Vollkommenheit des Reaktionsmodus. Eine solche unbehinderte Reflexthätigkeit mufs aber, wie bereits früher erwähnt, als die Grundlage des ganzen Seelenlebens bezeichnet werden, und es läfst sich unschwer zeigen, dafs auch bei der Person des ersten Beispiels ein Ansatz zur Halluzination existiert.

Die neuere Psychologie hat nämlich überzeugend dargethan, wie in jeder Vorstellung und jedem Begriff ein Bild oder eine Bildgruppe gegenwärtig ist. Da aber diese Bilder, gleich den Wahrnehmungen, deren spontane Wiederholungen sie sind, sich zu veräufserlichen streben, so würden sie sicher immer eine Halluzination zur Folge haben, wenn nicht andere Erinnerungsbilder und entgegenstehende Empfindungen als Hindernis wirkten. In Zuständen des Hemmungsfortfalls, als da sind Schlaf, Hypnose und gewisse Geisteskrankheiten, kann sich der Keim frei entfalten, in der normalen Denkthätigkeit dagegen haben wir es mit einer Reihe unvollständiger Halluzinationen zu thun. Gerade was gemeinhin als das Fundamentale gepriesen wird, ist in Wirklichkeit die Unterdrückung unserer natürlichen Anlage, und die Halluzination, die man gewöhnlich für eine krankhafte Verirrung hält, bildet wenigstens in *statu nascendi* den Stamm unseres geistigen Lebens. Ebenso läfst sich das Gefühlsmäfsige als Antecedens des Begrifflichen, als die Vorstellung selbst auf einer früheren Stufe der Entwickelung erweisen. Wie gesagt, es scheint das vollbewufste Seelenleben auf einer reflexmäfsig arbeitenden Grundlage von halluzinatorischem Charakter zu ruhen, die mehr oder weniger in das Dasein des Individuums eingreift.

Die Voraussetzung einer wichtigen und umfangreichen Halbbewufstseinssphäre [1]) läfst das normale Ich als einen Ausschnitt aus der viel weiter fassenden Psychizität erscheinen. In ihren matterhellten Räumen bewegen sich die Änderungen der Gefühlslage und die Spannungen der Triebe, deren Wirkungen allein für die selbstbewufste Persönlichkeit hervortreten. Hier, in dieser Sphäre der natürlichen Reflexmäfsigkeit und Sinnfälligkeit, wurzelt die ganze Energie der Seelentiefe, aber sie wird gemildert durch den Ordnungsapparat der dem *milieu* entsprechenden Vorstellungsmassen. Versagt die Hemmungsvorrichtung ihren Dienst, so entstehen die parapsychischen Zustände, wird über die in ihr repräsentierte Wirklichkeit absichtlich hinausgegangen, wird ihre Wirksamkeit herabgesetzt, ohne doch ihre Verwertung auszuschliefsen, dann erhalten wir die innere Organisation des genialen Menschen. (DILTHEY.) Nur wenn die Phantasie als eine Funktion des sekundären Selbst gefafst wird, wenn die Wechselwirkung zwischen Traumbewufstsein und Wachbewufstsein verfolgt ist und wenn Halluzination, Inspiration, Persönlichkeitswechsel als teils sinnlich, teils geistig projizierte Teile eines näher zu beschreibenden Vorganges, der Externalisation, verstanden werden, dann ist die schöpferische Einbildungskraft des

---

[1]) Einwände, die m. E. unzutreffend sind, finden sich gesammelt bei FORTLAGE, System der Psychologie I, 61, Leipzig, 1855, und bei BRENTANO, Psychologie I, 138, Leipzig, 1874.

Künstlers in ihren Grundzügen begriffen.¹) — Es scheint ein wesentliches Moment unserer seelischen Struktur, dafs wir dazu neigen, alles Innere in ein Äufseres zu verlegen. Und auch hier enthält das Unterbewufstsein die freiere Entfaltung einer natürlichen Anlage: der Träumer sieht die Gestalten seiner Phantasie im Raume vor sich, der Dichter lebt mit seinen eigenen Gebilden wie mit wirklichen Personen, der Geisteskranke schreibt jede Empfindung, jeden Schmerz einem äufseren Einflufs zu, der Hypnotische wandelt alles Gedachte in ein Geschautes. Tritt der Regulierungsapparat des Oberbewufstseins hinzu, so bleibt die Externalisation nur für diejenigen Empfindungen bestehen, die, weil einem Objekt der Umgebung entsprechend, als Wahrnehmungen unterschieden werden.

Aber erst der passive Automatismus der Halluzinationen, das Gegenstück zu dem aktiven Automatismus der Bewegungen, enträtselt uns letztlich das geheimnisvoll fremdartige Seelenleben des Propheten und Ekstatikers. Denn ihre »Gemeinschaft mit Gott« besteht als innere Erfahrung vornehmlich in der machtvollen Verknüpfung eines psychischen Vorganges mit einem Aufser-Ich: das Persönliche verschwindet und das Bewufstsein gehört ganz und gar dem Gegenstand des Gedankens. Dies von altindischer Weisheit als letztes Ziel gepriesene Aufgehen in ein Überpersönliches beobachten wir tagtäglich in seinen ersten Ansätzen, so oft wir uns in das Nachdenken über einen Gegenstand »verlieren«; die weitere Ausbildung strebt nun danach, den erworbenen Zusammenhalt des Wirklichkeitsbewufstseins zu schwächen und die Empfänglichkeit gegen die störenden äufseren Reize abzustumpfen. Ich brauche kaum zu betonen, dafs ich hier einzig und allein die psychologische Seite im Auge habe. Ich brauche ferner nicht solche Thatsachen eingehender zu analysieren wie die, dafs grofse Erfinder die bedeutendsten Schwierigkeiten während der Zeit überwunden haben, in welcher ihre Aufmerksamkeit auf etwas anderes gerichtet war: die Ablenkung des Oberbewufstseins ermöglicht eben der unteren Sphäre eine freiere Beweglichkeit und eine reichere Ausnutzung ihrer Gedächtnisschätze.

Nach den vorangegangenen Erörterungen könnte es vielleicht so aussehen, als bedeute das Übergewicht des Unterbewufstseins einen höheren Zustand der Seelenthätigkeit. Das ist keinesfalls richtig. Ein solcher Zustand kann zu den höchsten Leistungen Anlafs geben, ohne doch selbst auf hoher Stufe zu stehen, er ist der ursprünglichere aber zugleich primitivere, er funktioniert am vollendetsten, aber nicht in einer der Wirklichkeit und dem Lebenszweck entsprechendsten Weise. Man hat sich in Frankreich darüber gewundert, dafs die sekundäre Persönlichkeit

---

¹) Ausführlicheres in meinen Aufsätzen: „Genie und Irrsinn", „Zur Poetik", „Die Parapsychologie".

von Félida X ... der primären in vielen Stücken überlegen ist, an Temperament, an Intelligenz und besonders an Vollständigkeit der Erinnerung. Aber wem würde es einfallen, von dem erwachten Schläfer, dem ernüchterten Trunkenbold, dem geheilten Fieberkranken zu behaupten, daſs sie in einem unvollständigen Zustand sich befänden, weil sie ihre Träume, Rauschreden, Fieberphantasien vergessen haben?

Vielleicht vermag, um einen letzten Punkt zu berühren, auch die Medizin einigen Nutzen aus der psychologischen Vorarbeit zu ziehen. — Es wird sich möglicherweise im Verlauf von Studien nach BINETs Art ein tieferer Einblick in das Wesen hysterischer Störungen aufthun. Wenn in der That die scheinbar anästhetische Zone empfindet, das scheinbar geschwächte Auge sieht, bloſs nicht mit dem Bewuſstsein, das der Arzt bisher allein einer Prüfung zu unterwerfen pflegt, dann dürfte eine ganz neue Psychotherapie an Stelle der üblichen Behandlung treten. Auch die von Vielen behauptete Verwandtschaft zwischen Hysterie und Hypnose lieſse sich nunmehr für gewisse psychische Bedingungen anerkennen, im Gegensatz zu der sicherlich verkehrten Übertragung somatischer Symptome; ein Zusammenhang existiert wohl, aber auf anderem Gebiet als gewöhnlich angenommen wird. Verdeckte Fäden führen dann zu dem häufigsten Zustand des überwiegenden Unterbewuſstseins, zum Traum. Ein Mann sieht im Schlaf einen Epileptiker: er wird es selbst in kurzer Zeit. Eine Frau träumt, sie spräche mit einem Mann, der ihr nicht zu antworten vermag, weil er stumm ist; nach dem Erwachen ist sie aphonisch.

Ein wichtiges Zeugnis für die Ähnlichkeit der ursächlichen Momente des Traums und gewisser Psychosen bildet die von ALLISON hervorgehobene Erscheinung nächtlicher Geisteskrankheit, wo Halluzinationen, Tobsuchtsanfälle u. dgl. regelmäſsig und nur bei Nacht erscheinen. GRIESINGER erzählt, daſs Delirien sich oft zuerst im Traum zeigen, bevor sie im wachen Leben auftreten, und beim impulsiven Irresein hat ESQUIROL es nicht selten beobachtet, daſs es Träume sind, die dem Patienten das zu thun befehlen, was er später triebartig gezwungen, aber mit klarem Bewuſstsein ausführen muſs. Ähnliches können wir jeden Tag an uns beobachten, teils in dem Einfluſs der Nachtruhe auf die Gemeingefühle unter der Form der »Stimmung«, teils in der unheimlichen Gewalt heraufdrängender Wünsche und Triebe. — Wichtiger für den Psychiater ist das hinzutretende Moment der Externalisation in ihrer krankhaften Ausartung, denn sie bildet das zweite Glied in der Entstehungskette des halluzinatorischen Wahnsinns. Zuerst Schmerzen, Einbildungen, Strebungen, Gefühle, die von der ordnenden Vernunft als ungehörig empfunden und als eine innere, fremdartige Macht bekämpft werden. Dann ein Verlegen dieses Komplexes nach aufsen: die Schmerzen werden feindlichen Mächten zugeschrieben, welche ihn, den Verkannten, den entthronten Kaiser, den genialen Erfinder verfolgen (Gröfsenwahn), und die Wünsche werden einem anderen Menschen beigelegt, mit dem der Kranke disputiert. Zu der Spaltung des Bewufstseins tritt eine Trennung zweier entsprechender Erinnerungsreihen, d. h. es entwickelt sich ganz logisch eine Doppelpersönlichkeit. Ein bestimmter Drang wird nicht nur von dem Ich abgelöst, sondern immer wieder auf dasselbe fremde Wesen bezogen: so entsteht das pathologische Doppel-Ich. Übrigens wird das fremde Wesen öfters in den eigenen Körper verlegt; in BALLs berühmtem Falle z. B. redet sich der Patient ein, sein böser Geist, Monsieur Gabbadge, habe Besitz von seiner einen Gehirnhälfte ergriffen.

Von den zahlreichen Analogien psychopathologischer Phänomene mit den früher beschriebenen Erscheinungen hebe ich noch einige hervor. — Manche Geisteskranke besitzen nach der Heilung keine Spur von Erinnerung an die Zeit der Krankheit, sondern nehmen ihre Thätigkeit genau dort auf, wo sie vor Jahren fallen gelassen worden war. Andere legen sich des Abends so verrückt wie jemals zu Bett und wachen am nächsten Morgen gesund auf, ohne glauben zu wollen, dafs sie noch vor neun Stunden sich in einem Zustand geistiger Verirrung befunden hätten. Hält man neben die Masse ähnlicher Thatsachen das durchschnittlich negative Resultat der anatomischen Befunde, so wird man leicht der Ansicht zuneigen, dafs es sich in vielen Fällen um die rein psychische Erkrankung des Verhältnisses zwischen beiden Bewufstseinssphären handelt, und es wäre erfreulich, wenn der ärztliche Praktiker sich solcher theoretischer Ergebnisse ein wenig annehmen wollte.

Der wesentliche Inhalt dieses Abschnittes läfst sich in fünf Sätzen resümieren.

1. Die menschliche Persönlichkeit besteht aus (mindestens) zwei schematisch trennbaren Sphären, deren jede für sich durch eine Erinnerungskette zusammengehalten wird; die Hypnose läfst sich definieren als Zustand eines künstlich herbeigeführten Übergewichts des sekundären Ichs.

2. Manche Thatsachen, welche die Philosophie zum Nachweis einer unsterblichen Seele heranzieht, lassen sich auch aus dem Bestehen eines empirischen zweiten Selbst erklären, und in dieses Selbst würde der Occultismus die übersinnlichen Fähigkeiten des Menschen verlegen müssen.

3. Die Physiologie kommt mit einer unbewiesenen Lokalisation in die Gehirnhälften nicht aus, sondern mufs in jeder Hemisphäre ein paralleles Substrat sowohl für Unterbewufstsein als auch für Oberbewufstsein annehmen. Jenes zeichnet sich durch Reflexmäfsig-

keit, dieses durch inhibitorischen Charakter aus, jenes arbeitet mechanisch glatter, dieses in weniger befahrenen Nervenbahnen.

4. Die Psychologie legt entsprechend dem Traumbewufstsein Sinnfälligkeit und Beeinflufsbarkeit, dem Wachbewufstsein die Masse der die Wirklichkeit repräsentierenden Hemmungsvorstellungen bei. Sie stellt fest, dafs unser vollbewufstes Seelenleben auf einer gewohnheitsmäfsig arbeitenden Grundlage von halluzinatorischem Charakter ruht, in der längst vergessene Bilder ihre Stätte finden. Durch diese Eigenschaften wird das Unterbewufstsein zur Quelle genialen Schaffens und das Oberbewufstsein zur Trägerin der in Mühen bestehenden, sich an der Aufsenwelt regulierenden seelischen Lebensarbeit.

5. Für die Medizin ergiebt sich in der Berücksichtigung des Unterbewufstseins bei Nerven- und Geisteskranken ein Hinweis auf einen neuen Weg psychischer Behandlung.

Der kurzen Einleitung mag ein kurzes Schlufswort entsprechen.

Gerade vor einem Menschenalter haben sich die reichen Schachten erschlossen, zur deren Bearbeitung vor allem die Experimental-Psychologie berufen erscheint. Ein italienischer Gelehrter [1]) gab die ersten empirischen Beweise für das Vorhandensein einer halbbewufsten Seelenthätigkeit und an ihn knüpfte ein englischer Philosoph an, HAMILTON. Des letzeren Lehre wurde von MAUDSLEY, MORELL, LAYCOCK, CARPENTER, COLSENET u. a. genehm........ehnt und verbessert, aber erst von anderer Richtung her......ge nach dem Selbst des Menschen sinngemäfs angewe......geschah durch die französische Psychophysiologie, deren .... wie SPENCER und SULLY in der Hauptsache ans...... sich die Ansicht entwickelt, dafs der Organism...... die wahre Personalität seien, die Einheit des I...... Verknüpfung einiger klarer Bewufstseinszustände...... klaren und mit einigen unbewufsten physiologi...... Zustände stehe; doch wird von besonnenen Forschern...... das Bewufstsein in sich und durch sich ein s...... der körperliche Vorgang keineswegs die Urs...... Vorgangs sei. Hiergegen kämpfen mit den ......

---

[1]) ROSMINI, *Psicologia*, II, 219 ff. Napoli, 1858...... schichte des Doppel-Ich s. bei G. CESCA, Vierteljahrsschr...... IX, 288 ff. u. XI, 403 ff., 1885 u. 1887. Zwei in ihrem...... gültige Abhandlungen.

straktion die auf HUME, KANT, REINHOLD und besonders HERBART gestützte deutsche Philosophie und die französischen Spiritualisten, von denen MAINE DE BIRAN, JEAUMAIRE, BEAUSSIRE an erster Stelle zu nennen sind. Indessen wiegen die Rechenmarken metaphysischer Spekulation nicht allzu viel gegenüber dem Schwergold der Thatsachen, und wenngleich der fruchtbare Tiefsinn wahrhaft philosophischer Denker vielfach die Wege weist, welche nachher die gewissenhafte Einzelforschung gangbar macht, so müssen wir doch gegenwärtig der genauen Beschreibung des Einzelnen den Vorzug geben vor einer meist mit erstaunlicher Kühnheit durchgeführten Erörterung oberster Gattungsbegriffe.

Aber gerade an der sorgsamen Aufzeichnung des Speziellen mangelt es noch. Auch die Hypothese des Doppel-Ich ist eine verallgemeinernde Abstraktion aus zahlreichen Beobachtungen, von denen vielleicht jede ihre besondere Erklärung verlangt. Und von solchen Beobachtungen sind die lehrreichsten die, die am unbegreiflichsten scheinen. Hierzu gehören selbst manche Phänomene, welche das überregsame Völkchen der Spiritisten mit dem Flittergold seiner Phantastik ausgestattet und aller Welt als Geisteroffenbarung angepriesen hat; für das »mediumistische« Schreiben liegt m. E. der genügende Nachweis vor. Daher nichts unberechtigter, nichts antiwissenschaftlicher als die ängstliche Scheu vor diesem Gebiete, zumal in unseren Tagen, wo man dieselbe Taktik dem Hypnotismus gegenüber glücklicherweise aufgegeben hat. Die verschlungenen Gänge in dem unterirdischen Bergwerk der Seele erstrecken sich so weit, daſs man vor scheinbar abenteuerlichen Entdeckungen keineswegs sicher ist, und sie enthalten so reiche Schätze, daſs man einen jeden Menschen zur Mitarbeit heranziehen und ihm zurufen möchte:

„Nimm Hack' und Spaten, grabe selber!"

Druck von Theodor Hofmann in Gera.